JN033550

言語のインターフェイス・分野別シリーズ **2**

［監修］西原哲雄・都田青子・中村浩一郎
米倉よう子・田中真一

音声学・音韻論と言語学諸分野とのインターフェイス

都田青子・田中真一 ［編］

大沢ふよう・田中真一・八木斉子
都田青子・上田 功・原 惠子 ［著］

開拓社

「言語のインターフェイス・分野別シリーズ」の刊行にあたって

　本シリーズは，2019 年に刊行された『言語におけるインターフェイス』（西原哲雄・都田青子・中村浩一郎・米倉よう子・田中真一（編），開拓社）で執筆された 5 章の内容のうち 4 章（統語論，音声学・音韻論，形態論，意味論）を選択し，それぞれ分冊化したものである．

　上記の前編著書のまえがきにおいても述べたように，ことばの本質を捉えるためには，ある特定の分野や部門のみに目を向けるのでは十分ではなく，より多角的な視点で分析することが求められるのは明白であろう．すなわち，言語研究は，単一の分野の研究のみによって成り立っているのではなく，複数の分野や部門の知見を踏まえながら成立しているものである．本シリーズの各巻は，統語論，音声学・音韻論，形態論，意味論・語用論のそれぞれの立場から見た言語間・言語内を含めた各分野の相互作用という観点からの「インターフェイス」に焦点をあてた内容となっている．

　全 4 巻から成る本シリーズは，統語論，音声学・音韻論，形態論，意味論・語用論の分野を扱っている．5 人の監修者が，それぞれの巻の編集者となり，最新の動向を踏まえたうえで「インターフェイス」という視点から，言語研究の魅力をより多くの方々にお伝えできるような研究書兼概説書（テキスト）を目指した．

　各巻のタイトルおよび編集者は以下のとおりとなる．

　　第 1 巻　統語論と言語学諸分野とのインターフェイス
　　　　　　　　　　　　　　　　　　　　　　（中村浩一郎 編）
　　第 2 巻　音声学・音韻論と言語学諸分野とのインターフェイス
　　　　　　　　　　　　　　　　　　　　　（都田青子・田中真一 編）
　　第 3 巻　形態論と言語学諸分野とのインターフェイス
　　　　　　　　　　　　　　　　　　　　　　（西原哲雄 編）
　　第 4 巻　意味論・語用論と言語学諸分野とのインターフェイス
　　　　　　　　　　　　　　　　　　　　　　（米倉よう了 編）

執筆者については，若手，中堅も含めて各分野を代表される方々をお迎えす

ることができたのは幸いなことである．本シリーズで取り上げている論考は
すべて査読を経ており，十分に精査されたものが掲載されている．

　読者の方々には，各自の専門分野に関わる巻や，それに相互に関連する諸
分野の巻も含めて，読み進めていただき参照していただくことをお勧めす
る．本シリーズは，読者の方々には自分の専門とする分野の知識をより豊か
にしていただくとともに，英語学，日本語学を含む言語学研究の様々な分野
についての理解を一層深めていただけるものである，と監修者一同確信して
いる．

　　2021 年 10 月
　　　　シリーズ監修者
　　　　西原哲雄・都田青子・中村浩一郎・米倉よう子・田中真一

は　し　が　き

　本巻は，『言語のインターフェイス・分野別シリーズ』第 2 巻『音声学・音韻論と他の分野とのインターフェイス』です．インターフェイス（interface）とは，面（face）の間（inter），すなわち「境界面」や「接点」を意味します．ヒューマンインターフェイスなど，IT の分野で用いられることが多い用語ですが，言語学においては，言語をつかさどる脳内文法の音韻，統語，形態，意味などの部門間の「接点」のことを一般的には指します．しかし，本巻では，インターフェイスをより広義に捉え，文法内の部門間だけでなく，言語学以外の学問領域との接点をも視野に入れました．ことばに関するテーマはごく身近なところに多く存在し，学問領域間に広くまたがっていることを読者にお伝えすることをねらいとしています．各分野の最新の成果や理論的発展を取り上げた研究書の役目を果たすとともに，言語学を専攻する学生のみならず，より多くの読者に言語研究の楽しさを理解していただけるよう，できるだけわかりやすく解説をした概説書にもなることを目指しました．

　6 章の概要は以下の通りです：

　第 1 章「音韻論と統語論のインターフェイス ── 英語史に焦点を当てながら ──」は，一見統語の問題と思える英語史上の現象の背後に，実は音韻が深く関わっているという「意外性」に着目しながら音韻論と統語論の接点について解説をしています．

　第 2 章「『燃えよドラゴンズ！』の音韻論と形態論 ── 日本語のテキストセッティングと言語学のインターフェイス ──」は，野球応援歌を題材としながら，ごく身近なところに言語学的に重要なテーマが存在しているということを音韻論と形態論の視点から詳説しています．

　第 3 章「音声，方言，そして演劇のインターフェイス ── バーナード・ショーによる『ピグマリオン』──」は，音声学と演劇論の接点について取り上げています．台詞の中に登場する視覚方言（eye dialect）に音声学の知見

が活かされていることを論じています.

第4章「音韻論と言語発達のインターフェイス──オノマトペと絵本に焦点を当てながら──」は,絵本に登場するオノマトペの音韻的および形態的特徴に着目しています.卒業論文を執筆したいと考えている学部生に役立つよう,過去の卒業論文の成果も盛り込みながら解説をしています.

第5章「音韻論と言語障害のインターフェイス──言語理論から見た構音獲得と構音障害──」では,言語発達および言語障害のデータにみられる音逸脱を音韻論の原理を用いて分析しています.臨床現場では「例外」とされる症例にも実は規則性があることを言語学的視点から詳説しています.

第6章「言語障害学と英語教育のインターフェイス──言語障害学から発達性ディスレクシアと英語学習を考える──」では,発達性ディスレクシア児童生徒の音韻意識と学習の問題を実例とともに解説し,小学校における英語必修化がもたらす新たな課題について論じています.

章ごとの文体や内容構成を敢えて統制せず,それぞれの学問領域の「流儀」を尊重した点は本巻の特長のひとつです.読者のみなさまには,音声研究の多様性を楽しみながら読み進めていただければ幸いです.

本シリーズを企画し,実質的には編集委員長の役目を担い,我々を導いてくださった西原哲雄先生,編集作業でお世話になった共同監修者の中村浩一郎先生,米倉よう子先生に心から感謝いたします.また,本シリーズの企画をお引き受けくださり,校正から出版にいたるまでのプロセスにおいて誠心誠意ご尽力くださいました開拓社の川田賢氏に深く感謝いたします.

2021年8月

都田 青子
田中 真一

目　　次

第4章　音韻論と言語発達のインターフェイス
　　　──オノマトペと絵本に焦点を当てながら──

第5章　音韻論と言語障害学のインターフェイス
　　　──言語理論から見た構音獲得と構音障害──

x

第1章

音韻論と統語論のインターフェイス
── 英語史に焦点を当てながら ──[*]

大沢ふよう（法政大学）

1. 序

　言語はなぜ変化するのか，いや変化せざるを得ないのか，を探るのが本章の目的である．変化はいろいろな理由で起こる．「言語は変化する」という言い方はよく耳にするが，ではなぜ言語は変化するのだろうか．今ではもう存在しない物や制度を指す語は，時代劇や歴史書を除いて，消えてしまうだろうことは容易に想像がつく．逆に，従来存在していなかった新しい製品が産み出されたり，新しい世の中の仕組みができたりした場合，その名称が必要となってくる．

　では，単語を並べる場合の順序や規則はどうだろうか．その時代の人々はそれまで使われていた語順や規則で互いにコミュニケーションをとり何の不自由もなく生活できていたはずである．しかし，英語に限っても語順は1000年くらいの間に大きく変化してしまった．英語は，他の言語と比較すると短いといわれるその歴史の中で，急速に変化していったとされる．

　本章では，英語の時間の経過による変化を取り上げるが，変化全般を扱うのではなく，主なものを取り上げ，特にインターフェイスの視点からこの問題に迫っていく．インターフェイスとは，言語を構成する部門が，それぞれ接触している接点のことである．言語の形式，つまり統語構造が意味を伝え

　[*] 本研究の一部は，日本学術振興会科学研究費補助金・基盤研究（C）（課題番号）18K00665 の助成を受けている．

1

るものであるというのは直感的にも理解されていることで，従来は統語構造と意味の関係ということで研究がなされてきた．しかし，言語はまず音からといわれるように音韻と分かちがたく結びついている．統語構造と音韻構造とのインターフェイス研究はそれほど歴史が古いわけでもなく，それほど多くの先行研究があるわけでもない．特に，通時的つまり時間による統語構造の変化と音韻構造との関係を追究する研究はそれほど多くはない．したがって，語順と一般的に言われる統語構造の問題を取り上げ，どのように変化していったのか，特にその変化が音の変化とどのように絡んでいるのかについて考察してみることは，興味深くもあり今後の研究にも貢献できると思われる．それぞれの影響は双方向であり，統語構造が音韻構造に影響を与え，逆に音韻構造が統語構造に与えた影響を見る．さらにその影響が別の部門にも結果的に及んでいることを指摘する．

　古い時代の英語というと，現代英語とはかけ離れた遠い存在のように思われることが多い．しかし，現代の英語は，過去におけるあり方の上に成り立っており，過去における英語の姿をほんの少し知ることで今の英語がなぜこのような姿なのかをよりよく理解できるようになる．本章では，古英語における英語の姿について概説したあと，現代英語のような姿になっていく過程についての理論的説明を行う．理論的というのは，なぜこのような変化をしたのか，ということについてできるだけ合理的な理由を考えるということである．説明というと「ことばが今こうなっているのは，こうなったからだ」という同語反復的なものになりがちであるが，それでは単にこういう変化が起こった，といっているにすぎない．ほかの言語現象にも通用する一般性の高い規則を使った説明が理論的な説明である．これらを念頭に本章では，英語の時間による変化と音韻との関係を探りながら，言語研究の面白さを伝えていくことを目指す．

2. 英語の変化

2.1. 英語の起源

　英語は，5世紀半ばごろゲルマン民族の一部の部族がヨーロッパ大陸から今のイギリスが位置する島，つまりブリテン島にやってきたことから始まる．もっともそのころの言語は，アングル族やサクソン族が話していたゲル

マン語の方言であり，時代を経て今の英語の祖先といってもよい形になっていくのは7世紀からである．そこから現代に至るまでに英語はどのように変化したのだろうか．

　英語史では通常，英語の歴史を4つに分ける．この区切りは便宜的なもので，その境界年の翌年から突然ことばが変わってしまうわけではない．古英語（Old English, これ以降 OE）は450年ごろから1100年あたりまで，中英語（Middle English, これ以降 ME）は1100年ごろから1500年くらいまで，近代英語（Modern English, これ以降 ModE）は1500年くらいから1900年くらいまで，20世紀以降の英語を現代英語（Present-day English, これ以降 PDE）と呼ぶ．

　英語で書かれた記録が残るのが700年ごろからだとすると，我々が知ることができる英語の歴史は1300年あまりということになる．他の長い歴史を持つ言語と比べるとかなり短いが，その間に英語は大きな質的変化を遂げた．主要な変化を簡単に述べるだけでも英語史入門の1年間の講義の分量となるが，この章では序でも述べたように，音韻と英語の変化の関係について焦点を当てて述べていくので，英語史の教科書に通常書いてあるような網羅的な記述はかなりの部分省かせていただく．

2.2.　古英語の音

　PDE が第二言語学習者にとって難しいといわれるのは，つづり字と発音が一致していないということである．例えば，母音字 u が表す発音は，文字からは /ʊ/ または /uː/ が予測される．確かに put の [ʊ], rule の [uː] は存在するが，それ以外にも母音字 u はたくさんの発音を表している．cut の [ʌ], busy の [i], bury の [e], cute の [juː] などで，中学や高校で英語を勉強していて面倒だなと思った人もいるだろう．外国語の学習というとこういう例外的なものを覚えることだと思い込んでいたりすることも多い．

　しかし，OE においては原則として「一字一音」であり，つづり字がそのまま発音記号でもあった．遡って考えてみるとアルファベットは音を表すために作り出されたものであるから，その文字にさらに発音を表す記号が必要であるという状態のほうが実はおかしいのである．PDE のつづり字と発音が大幅にずれるようになってしまったのは1066年のノルマン人の征服（the Norman Conquest）でフランス人がイギリスの宮廷に多数入り，フランス

4

人の写字生，つまり書記がフランス語のつづり習慣を英語にも持ち込んだということが理由として挙げられているが，これには議論もある．また，中英語から初期近代英語にかけて起こった大母音推移（Great Vowel Shift）により，強勢のある長母音がそれまでの発音より高い舌の位置でもって発音されるようになったことが，つづり字と発音のずれを大きくする原因となった．

とにかく OE においては PDE のような発音とつづり字とのはなはだしい不一致はなかった．子音は，PDE と違って黙字（silent letter）がないということが特徴である．p, b, t, d, m, n, l, r, w の各子音字はつづり字通りに発音された．「一字一音」が原則であると述べたが，実は 1 つの文字が複数の発音に対応する場合というのが OE では存在する．ただ，これはランダムではなく，取り巻く音声的環境で自動的に決まるので必ずしも一字一音の例外とは言えない．

母音は，単母音が 7 種類あり，各母音字は短音，長音と二通りに発音された．そして母音の長短は弁別的（distinctive）であった．つまり意味を区別した．したがって，god の o を短母音で発音すると 'God' を意味し，長母音で発音すると 'good' を意味した．

(1) OE の単母音
前舌母音：/i/, /y/, /e/, /æ/, /i:/, /y:/, /e:/, /æ:/
後舌母音：/a/, /o/, /u/, /a:/, /o:/, /u:/

PDE と OE を比べると，PDE の前舌母音は，すべて張唇（spread lip）であるのに対して，OE には円唇（lip rounding）つまり唇の丸めを伴う /y/ /y:/ も存在したという違いがある．

2.3. 古英語はこんな言語だった

PDE の語順は主語（Subject）＋動詞（Verb）＋目的語（Object）（これ以降 SVO）である．OE の頃は，比較的語順が自由であったといわれるが，独立文や主節では SVO で PDE と同じ場合が多く，従属節では動詞と目的語の位置が入れ替わり SOV，疑問文はまだ助動詞というものが存在していなかったので，動詞を主語の前に置く VS 語順，また OE は þa 'then' といった副詞で文が始まることも多く，その場合も VS 語順であった．

しかし，OE は PDE と比べると語順の自由度はやはり高かったといわざ

るをえない．言語類型論では，文の主要な構成要素 S，V，O の組み合わせ
で世界の言語の語順を記述するが，可能な組み合わせは SOV，SVO，
VSO，OSV，VOS，OVS の 6 通りある．OE には，その中で出現頻度が高
いものとそうでないものの違いはあるが，このすべての組み合わせが一応は
存在していた．4.1.3 節の（31）の例文のような，動詞だけで成立している
文さえも存在していたのである．

　どうして OE ではこのように，語順の自由度がゆるされていたのだろう
か．その事情を少し詳しく考察してみよう．文は語の集まりであり，用いら
れている語の意味がそれぞれわかれば，文の意味もわかると考えている人も
いるだろう．しかし例えば the man, the lady, hit という 3 つの句ででき
ている文は個々の語の意味がわかるだけでは理解できない．the man は hit
する側なのか，それとも the lady が hit するのか．こうした情報がわから
ないと文は正しく理解できない．では語の意味とは違うこうした情報はどう
したら，聞き手や読み手に伝わるのだろうか．PDE なら The man hit(s)
the lady. という順番に語句を置くことで the man はこの動作を行う側であ
り，この動作を受けるのは the lady である，ということがわかる．平叙文
と言われる文では，動詞の前にくる名詞が主語であり，動詞の後に来る名詞
が動詞の目的語であると，語が生起する場所で判断する．しかし，これが成
り立つのは PDE である．

　OE では例えば名詞が主語として使われる場合は，主格（nominative
case）という格（case）を持つ形で文に出てくる．一応，行為をする人は主
語であるとして，[1] その情報を聞き手に伝えるものが格であると考えるとわ
かりやすい．PDE では名詞にそうした情報を与える格は衰退してしまって，
the man が主語であろうと直接目的語であろうと形は変わらない．しかし，
人称代名詞にはそのころの格変化の名残がまだ少しは残っている．例えば，
代名詞の he について考えてみると，he は目的語には使えず，him は主語
には使えない．そう考えると，主格以外にも，格は必要であることがわかっ
てくる．行為・動作の対象を表すもの，上の例でいうと直接目的語 the lady

---

[1] 一応としたのは，主語＝行為者という関係が成立しない場合もあるからである．すぐ
思いつくのは，受動態文である（例：The lady was hit by the man.），主語は行為をする側
ではなく，行為を受ける側である．他に，この関係が成立しない場合にはどのようなもの
があるか，考えてみるのも面白い．

6

が必要となってくる．これは対格（accusative case）という格で現れる．さらに give のような動詞の場合，行為の対象だけでなく，その対象の受け取り手も必要で，いわゆる間接目的語といわれるものを表す格，与格（dative case）がそれである．[2] 例えば，PDE なら the man は主語になる場合も，直接目的語になる場合も形は変わらない．しかし，OE では主語の場合は，se mann となり，直接目的語の場合は þone mann となり見た目でも変わってくる．mann という形は変わらないじゃないか，と思われるかもしれない．今日我々が読むことができる OE は 1000 年ごろの末期のものであり，主格と対格が同じ形となっていることが多い．しかし，名詞についている se は PDE の指示詞に近いもので，se＝主格，þone＝対格と修飾する名詞の格にあわせて形を変化させる．これで主語か目的語かが明確にわかる．次の（2）（3）（4）の文をご覧いただきたい．

(2) se   mann   gebeatan[3]   þone   cneht   SVO 語順
     that man   beat   that   boy

(3) þone   cneht   gebeatan   se mann   OVS 語順

(4) se mann   þone   cneht   gebeatan   SOV 語順

語順が上で表記したようにそれぞれ違っているが，この（2）（3）（4）の 3 つの文は同じ内容を表している．mann を修飾している指示代名詞の se が男性名詞[4] の主格を表しているので，（3）のように動詞 gebeatan の後ろにこようが，その主語というステータスは変わらない．同様に，cneht を修飾している þone は se と同じく男性名詞の単数を修飾する働きをしているが

---

[2] 格とそれが表す役割には，文法的なもの，つまり主語とか目的語と，それとは区別して行為者とか行為の対象，対象物の受け取り手と 2 種類ある．後者は，意味役割（thematic role，ないしは θ-role）といわれるものである．多くの場合，主語は行為者という意味役割を持ち，主格といういわば衣装をまとうという相関関係があるが，上の 1 の注で述べたように，この関係はそれほど，きれいに対応していない場合もある．

[3] gebeatan は実際には，時制・主語の数・人称に応じて語形変化をする．ここでは記述を単純化するため不定形のまま記してある．

[4] OE の名詞には，男性・女性・中性と 3 つの文法性の区別があったが，これは名詞の持つ意味とは無関係である．戦争に関係する武具などは scyld 'shield'「盾」のように男性名詞もあるが，例えば byrne 'cuirass, corslet'「胴よろい」は女性名詞，spere 'spear'「槍」は中性名詞であった．また自然性とも無関係である．wif 'woman' は PDE の wife の OE 形であるが，中性名詞である．Pyles（1968）などを参照されたい．

この þone という形は修飾する名詞が直接目的語であることを示す対格を表しているので (3) のように，文頭に出てこようが，(4) のように，動詞の直前に出てこようがその目的語たる位置づけは変化しない．このように，古英語では文法情報は，それぞれの語に目に見える形の格として表れているので正しく伝わるのである．こうした格表示は，現代ではその語句が置かれている場所で伝えている情報を，語（句）そのものに印をつける，つまり語をマーキングするための手段であった．

3.　古英語以降の英語に起こった変化

3.1.　格の衰退

　前節で，PDE なら各要素の置かれている文中での場所が主語だの，目的語だのといった重要な文法情報を伝えるところを，OE では名詞の語形変化と名詞を修飾する要素の語形変化，すなわち格変化がその役割を果たしていたことを見た．この重要な役割を担っていた格変化が，OE 以降，はっきりしないものになっていった．格は衰退の一途をたどっていったのである．その様子は，cyning 'king' という語の年代ごとの詳細な変化を示した表 1 から見てとることができる．

	格の種類	古英語	中英語	近代英語
単数	主格	cyning	king	king
	対格	cyning	king	kiing
	属格	cyninges	kinges	king's
	与格	cyninge	king	king
複数	主格	cyningas	kinges	kings
	対格	cyningas	kinges	kings
	属格	cyninga	kinges	kings'
	与格	cyningum		kings

表 1：cyning（男性名詞）の変化表

表 1 からわかることは，OE では主格と対格の区別がすでにない名詞もあっ

たこと，しかし属格と与格は違った語形をとっていたのでその場合は名詞の形だけで格がわかったことなどである．複数形になると，単数の時とはまた違う格形をとる．OE では，名詞を文中で使う場合，あるいは発話する場合，どんな文法的役割で，つまり主語として使うのか，直接目的語で使いたいのか，あるいは間接目的語で使いたいのかをまず考え，次に単数か複数かを考え，さらにその名詞が持つ固有の文法性（grammatical gender）を考えてからでないと使えないということになる．PDE なら学校の英語の授業で「この名詞の複数形は？」と学生に尋ねるということはよく見られる風景であるが，OE においては，そのような質問は意味がないことになる．「主語で使うのですか，それとも？」と逆に学生に質問されるであろう．つまり，OE においては名詞を使用する場合には，数だけを取り出して表すことは不可能で，常に格という要素と絡ませないと表すことができなかった．単数，複数という要素だけを単独で表せるようになるのは，格の形が衰退して初めて成り立つことがわかる．

　近代英語期になると，格といえるのは属格（所有格）語尾の es に由来する -'s だけであり，複数形を表す語尾は OE の -as に由来する -es となり，上の表からわかるように，PDE では king's, kings, kings' がすべて同じ発音となってしまった．

　格の衰退とは，それまで発音されていた音が弱化ないしは消えてしまったことで起こった．印欧語はもともと音の高低によるピッチ・アクセントであったが，ゲルマン系言語では強勢アクセントによるものとなった．また，印欧語は語内の特定の位置にアクセントを付与する必要はなかったが，ゲルマン系言語では語の最も重要な音節，多くの場合接頭辞を除いた第一音節に置かれた．OE もこれらの特徴を受けついでいる．これらのことにより，弱い音節の母音の発音が弱まることになり，語形変化の衰退を招いたと考えられる．格変化のような語形変化は語幹の後の語尾で表されることが多く，語尾には通常強勢はこないので，強勢のない語尾にある母音は弱く発音されることになる．実際，中英語期には，強勢のない音節の母音 [a], [o], [u] の発音は全てシュワー（schwa, [ə]）と呼ばれる弱化した母音になり，[5] つづりは

---

[5] シュワー（[ə]）は，中高舌，中央舌，非円唇（mid central unrounded vowel）の母音のことをいう．あいまい母音と言われ，短く，弱く，あいまいに発音される．

すべて e となった．さらに，母音が弱化したため，共に表れる末尾の子音の発音も弱くなり，結果として母音も子音も消滅してしまった．英語史におけるこのような語尾の弱化や消滅などの変化を水平化 (leveling) という．

　動詞 bear の例で説明すると，不定詞あるいは原形は beran であったが，中英語期にこの水平化で beren となり，この en の e は [ə] で，やがて n を落として bere となり近代英語期になるとこの -e も消失して bear となった．こうして語尾があいまいになり，複雑な語形変化が衰退する原因になっていく．

　このように，格変化，さらに動詞の語尾変化も同じ理由で衰退し，英語の単語は語形変化が簡素になっていった．ただし，この形態的変化の簡素化を持って，英語が単純化したと考えるのは間違いである．形の上で，いろいろな意味や機能が明示的に示されているほうが，意味解釈の面では容易であるともいえる．先に述べた PDE では king's, kings, kings' がすべて同じ発音となってしまった例を考えてもらいたい．

　さらに形の単純化がその言語が容易であるということにはならない例として，up がある．up は PDE では，副詞，形容詞，前置詞，名詞，動詞それも他動詞用法，自動詞用法もありと品詞が多岐にわたり存在している．しかし，形はみな同じである．up elevator という句を見たとき，この up の品詞は上記のうち，どれに当たるのか，一瞬，考えてしまう人もいるだろう．その場合，an up elevator とあれば冠詞と名詞の間にあることからこの up は形容詞であると判断できる．Up the hill とあればすぐ後ろの定冠詞と続く名詞からこれは前置詞であると判断できる．Stand up とあれば up の後ろには何も名詞がこないことから副詞であろう．I had ups and downs. とあると複数を表す s 語尾を手掛かりに名詞と判断しなければならないし，A week salary was upped to 70000 yen. とあれば，これは動詞として使われていると判断せざるを得ない．

　この点，OE では例えば，動詞の場合，不定形なら -an と言う語尾を必ず取り，主語が 2 人称単数なら動詞は -est 語尾を持つ．つまり形の上で動詞ということがまず確認でき，その後の解析作業を容易にしてくれる．

　語形変化が複雑な言語では，その変化の複雑な形をしっかり身につけておかないと簡単な物言いもできないということから大変難しい言語であると第二言語学習者には思える．たしかに OE のような語形変化が複雑な言語は

入口でその複雑な変化を習得しなければならないので大変ではあるが，語形変化はその後の解析を容易にしてくれる手段なのだ．逆に PDE は，語形変化が簡素化し，さまざまな複雑な形を覚える必要がなくなった．指示詞を例にとると今の the の前身である se は，やはり性・数・格による語形変化があり 10 いくつの形があった．現代ドイツ語の冠詞 der, das, die を思いだしていただければその煩雑さが理解できるであろう．OE の指示詞は同じような複雑な語形変化を持っていた．しかし今は the という形 1 つである．だからと言ってこの冠詞の使い方の難しさは英語学習者にとっては誰もが経験することであるだろう．もちろん，母語獲得と第二言語学習者とは事情が違うが，形態部門の簡素化をもってある言語が容易であるといった議論は成り立たない．

3.2. 語順の変化—SOV から SVO へ

前節までで，OE では語そのものに重要な文法役割をマーキングするシステムとしての格があったが，時代を経るにつれて，擦り切れてしまい，中英語期には格の形による区別がつかなくなってしまったことを見た．困ったことに名詞だけでなく，他の品詞，形容詞や指示詞も同様に，それまで保っていた複雑な語形変化が同様の理由でほぼ消失してしまった．先に述べたように OE でもすでに名詞で主格・対格が同形になっている場合も多くあることを見たが，その場合でも，格や数，性による語形変化を保っていたそれらの語が修飾語として，情報を与えてくれていた．2.3 節でみた se や þone を思い出してほしい．

しかしこのように多くの語の語形変化が擦り切れたままでは，先ほど述べたような主語とか目的語といった重要な情報がうまく伝わらなくなってしまう．そこで，英語は，語順の固定化という手段にでたのだ．語順は，やがて ME も後期になると主節，従属節を問わず SVO の語順が一般的になる．平叙文では動詞の前の名詞句は主語，動詞の後ろの名詞句は目的語であるというように，生起する場所，つまりは構造によって文法的機能が決まるようになる．そうして OE では可能であった SOV，(X)VSO，OVS といった語順は，目的語を文頭に出す話題化という操作で得られる OSV 語順は別として，もはや許されなくなった．

英語史では，これを総合的（synthetic）言語から分析的（analytic）言語に

英語は変化したと説明する．総合的言語というのは，1 語のなかに意味を表す要素と文法的な役割を担う要素が存在し，後者は 1 つの要素内に複数の文法機能が詰め込まれていることが多い．これに対し，分析的言語では，1 つの形態は，1 つの機能を表し，両者間には一対一の対応関係がある．

　しかし，ここで重大な疑問が出てくる．格の区別が衰退した結果，語順が固定化した．その点は誰もが納得できるが，ではなぜ SVO で固定化したのだろうか．SOV で固定化するという途もあったのではないか．これは大変興味深い問題であり，後の項，特に 4.2 節で考えてみよう．

　ともかく，発音の弱化が，終局的にはその言語の語順の変化を引き起こすという事態にまで至ったのだ．

4.　音韻と統語の関係

　前節でみた格の衰退が語順の変化を引き起こした例も，つまりは音韻が統語に及ぼした影響の例であるが，この節ではさらに，音韻と統語の相互の影響について見る．

4.1.　統語構造が音韻構造に及ぼした影響

　ここでは，統語構造が音韻構造にどのような影響を及ぼしているかを見る．時間的変化の例だけではなく，共時的な現象も取り上げる．

4.1.1.　wanna 縮約

　PDE には wanna 縮約というよく知られた現象があるが，例えば，(5) の want to は (6) に示すような縮約形で表現することができる．

　　(5)　You want to see John.
　　(6)　You wanna see John.

(6) の縮約形 wanna は，want と to が隣接していないと起こらない．そのため，(7) のように want と to が離れている場合は wanna は使えない．

　　(7)　You want Bill to see John.

では，want to は隣接していればいつでも wanna になるかというと，実は

そうではなく，以下の（10）ならびに（11）の例が示すように，縮約形が使えない場合もある.

    (8)   Who do you want to see?

    (9)   Who do you wanna see?

   (10)   Who do you want to see John?

   (11) *Who do you wanna see John?

この違いは，次のように説明できる. wh- 疑問文は wh 疑問詞が文頭に移動することで形成される. この疑問詞の who はどこからきたかというと，この who が（8）の場合は see の後ろ，すなわち，see の目的語の位置にあったと考えられる. この元位置は痕跡と言われ trace，略して t と表されたりする.

   (8′)   Who do you want to see [t]?

では，（10）や（11）では，who はどこからきたのだろうか. see の後ろには John があるので，統語構造上可能なのは，want の後ろで to の前，すなわち to see の主語の位置である.

  (10′)   Who do you want [t] to see John?

この trace([t]) は目には見えないし，音形も持っていないが，確かに統語構造的には存在していると考えられるのは，この発音されない t が want と to の間にあることで，この２つは，表面上は一見隣接しているようで，実は痕跡 t が存在していることから，縮約が阻止されると考えられるからである. (8) の場合，痕跡 t は see の後ろにあるので，want と to の隣接を妨げてはいない. こうして音韻の問題と考えられがちな wanna 縮約が実は統語構造との関係で起きている現象であるということが確認できた (Baker and Brame (1972), Jaeggli (1980)).

4.1.2.　助動詞縮約

  統語構造が，音韻に影響を及ぼしている例として助動詞縮約 (auxiliary reduction) がある. PDE では，助動詞 be, have, will, would などがその前にくる語と合体して音声上１つの単位となる現象である.

(12)　She is a doctor. → She's a doctor.

(13)　You had better see a doctor. → You'd better see a doctor.

この助動詞縮約は，助動詞があれば必ず起こるというものではなく，文の統語構造によって規制されているといわれている．では，どのような統語的な規制が働いているのだろうか．岡崎・小野塚（2001）を参考に Kaisse（1985）の分析を紹介する．まず，統語的な空所の直前では助動詞の縮約は不可能である．例えば（14）では，leaving が省略されてできた空所の前では縮約は不可能である．同様に，（15）の空所の直前の is も縮約できない．

(14)　You are leaving and he is leaving too.

　　　→ You are leaving and he is/*'s ___ too.

(15)　I wonder where the party is being held tonight.

　　　→ I wonder where the party is/*'s ___ tonight.

(Kaisse (1985: 41)，岡崎・小野塚 (2001: 65))

（16）ならびに（17）の例が示すように，助動詞の左隣に統語的な空所がある場合は縮約が可能だが，左隣に空所がなく，主語名詞に主格の関係代名詞節が後続している（18）や（19）の場合には，縮約はできない．

(16)　The man you met ___ 's just arrived. (has)

(17)　The man you met ___ 's making an awful fuss. (is)

(18)　*The people who cry've been there. (have)

(19)　*The people who cry'll be there. (will)

(Kaisse (1985: 44)，岡崎・小野塚 (2001: 65))

統語的制約は上記で紹介した以外にもあるが，Kaisse（1985）によれば，すべて統語的環境が音の縮約の可否を決めている例である．

4.1.3.　虚辞の出現・義務化

　英語の時間的変化を統語構造の点から見ていくと，重要と思われるのが，先に述べた文の語順の変化・固定化と並び，それとも関連しているのだが虚辞（expletive）の出現であろう．これは，まずは統語と意味との関係の問題であるが，最終的には音韻にも影響を及ぼしているという点で，後で紹介す

る仮説を考える際にも重要な変化であるのでここで触れておきたい．虚辞の it とはどのようなものだろうか．

(20)　It is cold today.

(21)　It is ten o'clock now.

(22)　It seems that John did this.

(23)　It surprised John that Bill passed the exam.

上の (20) から (23) の例文内の it はいずれも意味がなく，つまりこの世に実際に存在する人や，物を指示しているわけではない．意味的に考えると時間や天候を表す場合，主語は不要である．文法書ではこの it を漠然と環境を表すから意味があると主張しているものもあるが (安藤 (2005: 433))，it が外界に指示物を持つとは考えられない．(22) の it は seem の主語ではない．ただ，外見上は seem の主語のように見えるだけである．したがって，補文の主語である John がこの位置に繰り上がり次の (24) のような文が出来上がる．

(24)　John seems to have done this.

it が仮に seem の主語だとすると，seem は主語に意味役割 (θ-role) を与えていることになる．つまり seem の主語位置は，その場所に存在する要素に意味役割を与えることができることになる．すると，(24) のように，補文ですでに意味役割を与えられている John がその主語位置に繰り上がると二重に意味役割が与えられることになり非文となるはずである．しかし，(24) が文法文であることから，この一見すると seem の主語のように見える場所は実はそうではないということがわかる．すでに意味役割を与えられている John がその場所に繰り上がっても，そこでは意味役割を与えられていない．
　指し示すものが何もないので，この it は疑問化したり ((25) 参照)，強勢を受け取ることができない (つまり (26) の文頭 It に強勢を付与することはできない)．

(25)　*What is cold today?

(26)　*It surprised John that Bill passed the exam.

だからといってこの it がないと，(27) から (30) が示す通り，文は非文と

なってしまう.

(27) *is cold today.

(28) *is ten o'clock now.

(29) *seems that John did this.

(30) *surprised John that Bill passed the exam.

このように，文の意味には何の貢献もしていない it を虚辞という．ではなぜそれがないと非文になるかというと，PDE には文や節の主語位置は必ず満たされていなければならないという拡大投射原理（The Extended Projection Principle, これ以降 EPP）という規則があり，これに違反すると文や節が非文となってしまう．それで意味を持たない it が主語位置に出てくる．意味を持たないということは，意味的に必要ではないが，統語的に要求されるということだ．つまり PDE では，主語位置は常に文や節構造の中に意味とは無関係に存在し，かつ要素によって満たされていなければならない．加えてその要素は音形を持っていなければならないということである.

　第二言語学習にとって，言語とは意味を持つ要素を並べて，まとまった意味を相手に伝えるものであり，音を持ち，したがって発音される存在としてそこにある it をなぜ訳してはいけないのか，なぜ意味を持たないものを文に入れねばならないのか，理解しにくい点である.

　言語というものは，そういうもので，理屈で割り切れるものではないと先生に言われてそういうものか，と無理やり納得したという方もいるのではないだろうか．しかし，意味のないものが必要物として存在しているというのは，確かに不自然である.

　実は，英語も OE まで遡ると，このような it は稀で，少なくとも義務的であったことはない.

(31)　norþan　　　　sniwde
　　　From the north snowed
　　　'it snowed from the north'　　　　　　（Seafarer 31, Gordon (1960)）

(31) の OE の文には名詞句が存在していない．norþan は副詞で，現代英語に直訳すると 'from the north'（北から），sniwde は動詞で 'snowed'（雪が降った）という意味である．PDE の場合，it がないと非文になるので，(31)

の現代英語訳には it を入れているが，OE で書かれた原文には it に相当する語 hit が含まれていない点に注目してほしい．このように，名詞要素がなく，動詞と副詞だけで文が成り立つことが OE ではあり得た．主語がない他の例文を（32）に示す．

(32) Siððan　　him hingrode
Afterwards him hungered
'afterwards he hungered'　　　　　　(ÆCHomI 166/12, Thorpe (1844))

この文では「腹がすく」という体の生理的状態を表している．him は OE では人称代名詞 he の与格形であり，「経験者」という意味役割を持ち「お腹がすくということが彼の身に起こった」ということで，現代英語訳に入っている he から連想して OE でも主語の役割を果たしていたと考えるべきではない．主語らしき hit が使用される例は稀であった．このように非人称構文というのは，天候や心理，生理現象などを表し，統語的主語を欠く構文である．幾つかのパターンがあり，先の（31）のような名詞句を完全に欠くものや，主格名詞は存在せず，対格や与格名詞が存在して経験者としての意味役割を持つ（32）のような場合などである．動詞は 3 人称単数で表される．OE では広く用いられる構文である．気候現象には，行為者は存在せず，また，生理現象にも行為者といったものは存在しない．したがって，主語は意味的には存在する必要がない．一応ここでは，主語＝行為者としておくが，2.3 節注の 1 を参照してほしい．PDE と違って EPP が存在していなかったとすると，意味を持たない要素を主語として立てる必要はないのでこういう文が可能であったと説明ができる．

　この事実は，OE においては統語構造からの要求で登場する虚辞の it は存在していなかったか，少なくとも義務的ではなかったことを示唆している．なぜ，のちの英語で虚辞が義務的とされるようになったかというと，意味にそれほど依拠しない機能範疇の存在が PDE では統語構造において重要な働きをしていることが挙げられる．OE，あるいはもっと遡る古い時代の言語では，機能範疇という存在は極めて稀な存在であったと推測される．機能範疇というのは，伝統文法的な概念でいえば，接続詞，冠詞，助動詞といった文法語，すなわち機能語（function word）ということになる．ただし，ここで機能範疇と呼ぶものには，語ではない，例えば動詞の時制を表す

接尾辞なども含まれる点が機能語とは異なっている.

　例を挙げてみよう. 冠詞の類を指す, Determiner Phrase (これ以降 DP) は, ラテン語には存在しておらず, 現代ドイツ語の祖先語である古高地ドイツ語にも, OE にも存在していなかった. 先に述べた指示詞の類は存在していたので, 冠詞的機能を担っていたのではないかという指摘もあり, その面は否定できない. しかし, PDE の冠詞と, 意味に応じて使用される指示詞とは統語的位置づけはまったく異なっている. OE では, 前に出てきたものを受けていると推測される場合でも何もつかない名詞が用いられたりする. PDE では非文となる例であるため, わかりにくいかもしれないが, 日本語の名詞句の使い方を考えると参考になるかもしれない. 例えば, 指示詞など付けなくとも, お互いその存在を認識しているものを指すことができる状況を思い出してほしい. この場合, 必要と思えば指示詞をつけることももちろんできるが, つけなくてもよい. つまり, 日本語の場合, 指示詞は場合によってつけなくてもよいが, PDE では Determiner を主要部とする句である DP という統語構造が, 統語的な場所として常に存在するようになった. したがって, 無冠詞では非文となる.

　また, 時制要素を主要部とする Tense Phrase (これ以降 TP) あるいは Inflection Phrase (これ以降 IP) も PDE のような独立した投射構造として存在していたかは疑問である. なぜなら TP の主要部 Tense や Inflection に出てくる助動詞というカテゴリーも成立しておらず, 今の法助動詞や do 助動詞の先祖形は, 一般動詞つまり普通の動詞であった. だから, 目的語を直接取ることもできたし, 不定詞形 to can のような使い方も可能であった. さらに, shall can のように 2 つ並列させることもできた. do も一般動詞として用いられており, 疑問文を作るには主語と動詞を倒置させ, 否定文を形成するときには, 否定辞を動詞の前や後に直接おいて表していた. 今のような do 助動詞の用法が完全に確立するのは, 中英語期を経て ModE に入ってからである. また, 法助動詞も今のような形になるのは, 16 世紀くらいといわれている. これは歴史言語学でよく取り上げられる「文法化 (grammaticalization)」という過程である. これは, 節構造において Tense, つまり時制を主要部とする句 TP が常に義務的に存在するようになったことを意味する. そのおかげで Tense には助動詞 will, shall, can などが生成され, 助動詞がない場合, do が入ることができる.

18

　このTPは先ほど述べた主語が必ず存在するとするEPPの前提となる．すなわちEPPとは，TPの指定部に必ず音形を持つ要素（つまり顕在的要素）を置かねばならないという原理である．

　このEPPがなぜ存在するのか，そのメカニズムの背景は何かについては，生成理論の変遷とともに変化してきた．その細かい説明はここでは省くが，PDEにおける顕在的主語の義務的存在，そしてそのための虚辞itの存在はChomsky（2008: 156）が指摘しているように経験に裏付けられたあらがえない事実である．

　この事実は，統語構造と意味構造とのインターフェイス，別の言い方をすると，統語構造と意味のずれの問題である．この音形を持つitの存在は，英語において統語構造が要求することで生じる現象である．つまり，こうした機能範疇の存在のせいで，意味的に必要とされない要素が義務的に文の中で存在しないといけないという変化も英語においては進行していたことになる．後に5節や6節で統語論部門が不要ではないか，という議論をするときにこの事実は重要であると思われる．

4.2.　音韻構造が統語構造に与えた影響 — 他動詞の増加

　名詞や形容詞，指示代名詞といった語の語形変化が音の弱化や脱落により引き起こされ，その結果英語の比較的自由だった語順が固定化され，それまで可能であったいくつかの語順が許されなくなったことを3.2節で見た．これは音韻に起こった変化が結果的に統語構造の変化を引き起こした顕著な例である．本節では，音韻部門での変化が最終的に統語構造の変化につながっていく例として他動詞構文の増加を取り上げる．

　PDEはとにかく他動詞が多い．他動詞と自動詞の区別というのは，英語を学校で学習してすぐ出会う大切な文法事項である．他動詞は目的語というものを取らねばならず，自動詞は目的語がなくても大丈夫です，などと教わる．典型的な他動詞とは，行為・動作を表す動詞で，その動作を受けるものや人が目的語で，それに対してrunは「走る」動作を表す典型的な自動詞で，「走る行為をする人＝主語」だけで文が成り立つと納得できる．ところが，runにも「経営する」という意味があり，この場合には目的語を取り，run a hotel「ホテルを経営する」とちゃんと他動詞用法がある．このように，ほとんどの自動詞は同時に他動詞用法を持ち，自・他両用動詞というような呼ば

れ方をする．もちろん，be 動詞, appear, cling, happen, lie, seem のような，自動詞用法のみで，他動詞用法を持たないものも少数ではあるが存在する．

　するとせっかく自動詞・他動詞と区別して覚えたのに，と割り切れない気持ちになったりする学生もいる．英語に他動詞が多いということ，あるいは自・他動詞の両方を持つものが多いというこの状況にも背景があり，音韻が関係してくる．

　OE における動詞の区分に関しては PDE の自動詞・他動詞という区分ではうまく扱えないという事情がある．[6] OE では，目的語や目的格という単一の概念で処理できるものがなく，動詞がとる目的語を，生成文法で言う内項（internal argument）と呼ぶことにすると，その内項のとる格も，それぞれ述部動詞や主語との意味関係に応じて，対格・与格・属格・主格という違った「格」で表示されていた．補語（目的語）をとるから他動詞かというと，対応する受動態が可能かどうかで違いが出る．与格と属格目的語を主格主語に転換した受動態は不可であった．この点は現代ドイツ語とよく似ている．受動態になるか，ならないかを他動詞の基準とする考え方からすると，与格と属格をとる動詞は自動詞であると判断されるかもしれない．ただ，能動文での与格・属格補語を主格主語とした受動態が作れないのであって，与格・属格名詞目的語をそのまま残した受動態，いわゆる「非人称受動態構文」は存在する．（33a）は可能だったが，（33b）は許されなかったということである．挙げた例は，わかりやすくするために PDE で書いてある．

(33) a.　Him was given a book.
　　 b.　*He was given a book.

　OE ではこのような事情もあり，PDE に比べると自動詞の数は多かったといわれる．PDE で他動詞が増えて，自・他両用動詞が増えたのは，自動詞が先に述べた補語（目的語）として与格や属格名詞をとる（自）動詞も含めて他動詞へと変化した，あるいは，他動詞と分類されるようになったことが原因と考えられる．これを他動詞化（transitivization）と呼ぶ．以下，Visser（1963: 99-100）や中尾・児馬（1990: 99-100）などに基づいて説明

---

[6] PDE でも自動詞には非対格動詞と非能格動詞の 2 種類あるという考え方がある．

する．ここにも音韻が関係してくる．

　他動詞が増えた原因には，上の 3.1 節で述べたように項の持つ格の形態的区別があいまいになり，その内項が目的語という単一な要素にくくられるようになったことがある．したがって，他動詞という 1 つの種類にすべてが包摂されることとなった．

　また，OE では自動詞・他動詞の区別は，動詞によっては，同一の語幹に接頭辞が付くことで表しているものもあった．

(34)　他動詞　　　　　　　　　　　　自動詞
　　　ge-restan（＝to rest）　　　　restan（＝repose）
　　　ge-growan（＝to produce）　　growan（＝sprout）

この接頭辞が消失すると形は同形となり自・他両用動詞となった．さらに，OE では動詞の語幹の母音対立により，両者の区別をするものがあった．

(35)　他動詞　　　　　　　　　　　　自動詞
　　　bærnan（＝burn）　　　　　　brinnan → burn
　　　sprengan（＝spring）　　　　springan → springen

(35) にあるように，他動詞の /æ/ や /e/ は自動詞では /i/ となるなどがその例である．しかし，やがて母音対立が消滅すると，形が同一となってしまい，自・他両用動詞となった．このように，ある動詞の音韻的な削減（reduction）が他動詞もしくは自・他両用動詞を増大させる結果になった．

　しかし，事態はこれだけではない．この他動詞の増大は上で述べた音韻的・形態的な要因がもとになり起こったものであるが，この他動詞化はさらに興味深い現象をもたらした．以下 Osawa (2010) の記述をもとに説明する．

　PDE では，同じ他動詞構文でも，いわゆる他動詞らしい動詞が使われる場合と，そうでない場合とがある．例えば，Tom kicked his brother は形式上 SVO であり，Tom という主語は行為者（agent），kicked には「蹴った」という行為が含まれる．これは典型的な他動詞構文といえよう，これに対して，次の (36) や (37) はどうであろう：

(36)　He resembles his father. 彼は父親に似ている．
(37)　This tour costs 100 Euros. このツアーは 100 ユーロする．

形式からいえば，これらの文も SVO であり，他動詞構文であるが，どの動詞にも行為（action）は含まれず，したがって主語は統語的には主語ではあるが，意味的には行為者（agent）ではない．このように，同じ他動詞構文でも，含まれる動詞の「他動詞らしさ」の度合が異なる．この他動詞らしさの度合を「他動性（transitivity）」という．他動性の定義は難しいところであるが，Hopper and Thompson（1980）では，他動性は，他動詞構文の 2 つの項，主語項と内項の関係に関連する 10 を超える意味的特性によりとらえることができるとしている．参加者，つまり主語と内項は別々の個体性を有していて，背景からも独立した存在である．意図的な行為者の成す行為によって，その行為の対象に影響が与えられること，その影響の度合いによって，他動性が高いものと，比較的低いものがあるということになる．影響が大きければ，行為の対象は，その行為を受ける前とは違った状態になっていて，その変化は見た目に明らかである．このような記述から，他動詞構文は，述部動詞とその取る項との間の意味的関係を反映しているということになる．そして，その関係は，述部動詞によりばらつきがあるということになる．しかし，外形的，つまり統語的にはまとめて他動詞構文とくくられる．

　こうした典型的な他動性の特徴からみると，先の（36）や（37）は，こうした特性をほとんど持っていないといえよう．このような他動詞構文が可能であることは，どのように理解したらよいのだろうか．

　英語に限らず，統語形式が意味とかたく結びついている言語ならば，上で述べたような他動詞的特徴をまったく持たない動詞がそもそも目的語を取る他動詞として使用されること自体が不自然と感じられるはずである．OE においては，他動詞・自動詞という区別に関して単に目的語あるいは内項のあるなしでは決められない側面があると述べた．対応する受動態構文があるかどうかで，内項をとる動詞の間に相違がみられることも見た．

　音韻的衰退から形態的変化が生じ，そのことが基盤となって他動詞が増大しただけでなく，意味的には他動詞的ではない他動詞構文が生まれたということであり，これは統語構造が結果的に変化したと考えられる．意味的には他動詞性的特性を持たない他動詞構文が可能となったということは，意味構造と統語構造のあいだにずれがあることを意味するが，そのきっかけが，実は音韻的変化によるものであったということは興味深い．

　これまで音韻に起こった変化が結果的に統語構造の変化を引き起こした顕

著な例をいくつか見てきた．その中で，格の区別が衰退した結果，語順が固定化したというのは確かであるが，ではなぜ SVO で固定化したのだろうか，という問題があるということはこれまでも指摘した通りだ．つまり，なぜ OE で優勢であった SOV で固定化する方向に行かなかったのだろうか．この疑問に答えていくことは，音韻論と統語論との間の関係性についての重大な見直しをすることにつながっていく．現代の理論言語学の中でもホットな論争の的になっているこの問題を次の節で考えてみよう．

5． 音韻が統語構造を決定するのか

　先に，言語は少なくとも，音韻構造，統語構造，意味構造の3つが関わって成立しているものであると述べた．3つの接点であるインターフェイスの観点から考えていくと，それぞれの構造は双方向的に影響をしあっており，その視点からこれまで英語の変化を見てきた．だが，言語理論の世界ではさらに興味深い提案がなされている．それは，語順という統語論部門で考えられてきた現象がじつは音韻部門によって決定されていると主張するものである．先に挙げた英語史における語順の変化も，これで説明が可能であるという提案もある．これはどのようなメカニズムでそうなっていると主張しているのか，少し詳しく見てみよう．

5.1． 語強勢と語順の関係

　これまで言語の語順の違いを説明する原理としておなじみなのは生成文法の初期のころから論じられてきた主要部パラメーター（head parameter）であろう．主要部とは，例えば動詞句 VP の場合，動詞 V である．その目的語が補語となる．主要部-補語（head-complement）という語順は，英語のような主要部先行言語（head-initial language）であり，補語-主要部（comple-ment-head）語順は日本語のような主要部後行言語（head-final language）にみられるもので各言語の違いを説明するパラメーターとして用いられてきたが，これは統語的な要請によるものである．もし音韻が語順を決定するという提案が正しければ，この主要部パラメーターも存在する必要がなくなる．
　例えば Tokizaki（2011, 2013），時崎（2019）は，世界の様々な言語を調査して主要部と補語の語順がその言語の語強勢の位置と相関関係があると主

張している．その相関関係とは，右側に主要部を持つ言語，つまり主要部後
行言語は，語の強勢が語頭にくる．左側に主要部を持つ言語，つまり主要部
先行の言語は，語末近くに強勢を持つものが多い．つまり，語頭近くに語強
勢を持つ言語は SOV 型となり，語末近くに語強勢を持つ言語は SVO 型と
なるということを意味している．

　なぜこのようなことが言えるのだろうか．構造への強勢付与の仕組みが関
係してくる．Cinque（1993: 271）や Szendröi（2001）では，句構造に従い
自動的に主強勢（main stress）が与えられるメカニズムを提案している．奥
（2008a: 88）などの記述を参考にしてまとめると（38）のようになる．

(38)　無標の主強勢（neutral main stress）は文中のもっとも深く埋め込
　　　まれた要素に与えられる．姉妹関係にある要素同士の場合は，その
　　　言語における選択（selection）の方向に従って強勢を受ける要素が
　　　決まる．（select されるほうが相対的に強い強勢を受ける）．

これは，さらに遡ると，文は音韻上の解釈（自然な発音など）の必要性から，
主強勢を持たねばならない，という Chomsky and Halle（1968）の提案に
基づいている．これも音韻構造からの要請であると考えられる．

　具体的に見てみよう．例えば，右側に主要部がきて，左側に補部がくる場
合，主要部は枝分かれしないので，補部が枝分かれとなるので，主強勢は最
も深く埋め込まれた要素，つまり左側の要素にくることになる．これが左方
枝分かれ言語（left-branching language）となる．下図の（39a）がこの場合
である．逆に左に主要部がくる言語では枝分かれする補部は右側にくるの
で，主強勢は文の右側にくる．これが右方枝分かれ言語（right-branching
language）である．下図の（39b）がこの場合である．

(39) a.　left-branching：日本語など　　　b.　right-branching：英語など

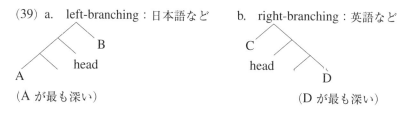

語の場合，（39a）では語頭に主強勢，（39b）では末尾にくることになる．

24

Chomsky and Halle (1968), Cinque (1993: 271), Szendröi (2001),
時崎 (2019) などの論考から，語だけでなく動詞句，名詞句などすべての範
疇においてにこの相関関係が成り立つといえる．したがって，主要部後行言
語は文頭近くに強勢を持ち，主要部先行言語は，文末近くに強勢を持つとい
うことになる．

5.2. 語順変化はなぜ起こったか

前項では，強勢付与規則と語順の間に相関関係があるという説を見た．で
は英語における語順が SOV から SVO へと変化したことは，どのように説
明ができるのだろうか．

印欧祖語では強勢の位置は自由であった．しかし，ゲルマン系言語へと分
岐していく過程で，語幹の第一音節，つまり語の左側に，主強勢が置かれる
こととなり，このゲルマン語強勢規則（Germanic Stress Rule，これ以降
GSR）が OE にも引き継がれていく．OE では，この規則は，音節の数（す
なわち 1 音節，2 音節，3 音節にかかわらず）あるいは語の品詞とも関わり
なく，接頭辞の場合を除いて語頭の音節に置かれることを意味する．これ
は，先に説明した強勢付与の規則に従えば，主要部は右側にくることにな
り，すなわち SOV 語順となる．

しかし，1066 年のノルマン人による征服（the Norman Conquest），つま
りノルマン・フレンチによるイギリスの征服以降，英語にはフランス語およ
びラテン語から大量の借用語が入ってくることとなった．その数は約一万
語，そのうち約 7500 語が PDE に残っている．それ以前のフランス語から
の借用語は数語に過ぎなかった（中尾・寺島（1988: 133））．これらフラン
ス語やラテン語は，上で説明した GSR とは違う強勢のルールを持っていた．
ロマンス語強勢規則（Romance Stress Rule，これ以降 RSR）といわれるも
ので，「主強勢は音節の重さに応じて語末，つまり語の右側から数えて 3 つ
目までの音節にだいたいの場合強勢が置かれる」というものである．その結
果，英語にはゲルマン祖語以来の GSR とこの新しい RSR が競合すること
となるが，この中で強勢の型は次第に変化し，この RSR が強力になってい
く（服部（2018: 61））．

こうして，語頭に置かれていた強勢は，語末近くに置かれることになり，
先に述べた強勢付与規則に従い，そうした言語は主要部を左に持つことにな

る．すなわち，「主要部＋補語」語順へと変化していった．動詞句は，V＋O
という語順になり，英語は SVO 語順となった．もしこれが正しいとすると，
先に述べたように英語は OE の SOV 型から PDE の SVO 型へと変化した
が，この変化も音韻的な説明，つまり強勢の位置が変化したことにより引き
起こされたという説明が可能となる．

　ただ，疑問点はいくつかある．確かに大量のフランス語がノルマン人の征
服により入ってきたことは事実だが，征服の後 100 年間は数が少なく 12 世
紀後半から少しずつ増し，14 世紀末に頂点に達したという．フランス語借
用語の半数は 1250 年から 1400 年の間に入ってきた（中尾・寺島（1988:
133））．上で書いたようにすでに古英語でも SVO 語順は主節や独立文では
かなり主たる語順の 1 つとなっていた．古英語期のフランス語の借用は少
なかった．この OE における SVO 語順の一定の勢力はどう説明されるの
か．征服以降のフランス語からの借用がこの SOV から SVO への変化の要
因のすべてであるといえるのだろうか．イギリス社会におけるフランス語の
使用者は，高い階層に属する人間だったと考えられるので，圧倒的に数が多
かったのは英語の話者であり，どこまでフランス語からの借用語の影響が
あったのだろうか．考えられるのは，借用語の数ではなく，使用頻度の問題
である．ただ，こうした観点からの研究は，まだあまりないと思われ，今後
の研究に期待したい．

　2 つ目に，征服以降，確かに RSR は英語において強力になってはいくが，
完全に GSR を駆逐したわけではなく，OE の強勢の特徴は ME においても
限られた範囲ではあるが，観察することができる（田中（2014: 153））．ただ，
本来語は語末無強勢母音の弱化を受け，2 音節または単音節語となってし
まったので，結果的に強勢の起こる位置は GSR であろうと RSR であろう
と同じ音節になるということがある．

　RSR が OE の強勢付与の在り方を大きく変えたという見方は Halle and
Keyser（1971）以降，有力なものとなってきたが，これには Minkova
（2009）が，ME の強勢型は RSR に対抗して依然として GSR によってい
たとして疑問を呈している．また，ME におけるフランス借用語の強勢型全
般についての従来の分析に疑問を呈した Nakao（1978）の研究も参考にな
る．

　こうした疑問点はありながら，先行研究に基づいて考察すると，新しく大

量に入ってきたロマンス系のフランス語からの借用語の強勢規則が語順の変化に影響を及ぼしたことは可能性として否定できないと思われる．語順の変化という統語構造の問題が，強勢付与規則の変化という音韻上の問題によって影響されている例である．

6. 統語論は不要か

この章では，英語の歴史において，統語構造と音韻構造がお互いに影響を及ぼして変化を引き起こしていったことを見てきた．その中で，音韻構造が統語構造を決定しているという学説を紹介し，統語論がもはや不要ではないかという議論も紹介した．長らく生成文法で言語間の多様性を説明するものとして使われてきた主要部パラメーターも，音韻構造から導きだされるのであれば，もはや不要ではないかと提案する研究も紹介した．

このような提案は根幹にかかわる大変重要なものである．この議論が出てきた背景を奥（2008b）を参考としながら，少し説明しよう．生成文法の初期のころから，各部門の自律性が叫ばれ，特に統語論は，言語のパフォーマンスにかかわる部分，例えば音声や意味解釈の入力となり，これらインターフェイス部分とは独立していると考えられてきた．統語論の自律性 (autonomy of syntax) といわれる．それが近年，極小主義プログラム (Minimalist Program) の時代になると，統語論は実はこうしたインターフェイスによって条件づけられているのではないかという考え方が主流になってきた (Chomsky (1995, 2004, 2005, 2007), Hauser, Chomsky and Fitch (2002))．

特に外在化 (externalization) といわれる外からの制約が重要であると考えられるようになってきた．人間が生まれながらに持っている言語能力を普遍文法 (Universal Grammar, これ以降 UG) と呼ぶが，ミニマリスト以前の言語理論では，この UG の中身は大変豊かで，さまざまな原理や原則が存在していた．人間は生まれてから数年で訓練がなくても誰でも言語を獲得できる．これを可能にしているのは，UG で，そこには言語に特有な詳細な原理が存在し，実際に子供が個別の言語獲得する際の文法の幅は，その範囲内で狭く限定されている．

ミニマリスト・アプローチでは UG の中身が厳しく制限され，回帰的併合 (recursive merge) のみの小さい UG へと変化している．回帰的併合と

は，α と β という 2 つの要素を結合して，大きな単位とし，その出来上がった単位が，新たな併合の入力となり，別の要素とくっついて，さらに大きな単位を形成していく過程である．併合によって出来上がったものは，集合体でありその中の個々の要素に線形順序は指定されていない．我々が自分の脳内で句や文を作ったりしている限りは線形順序の問題は起こらないのである．言語の階層構造は我々の脳内ではそのまま階層構造として表示される．

　しかし，外に向かってその出来上がった統語構造を音声として発しようとすると，外からの制約という問題が起きてくる．例えば音は同時に 2 つ発音できない．階層的な統語構造は，外在化するときにこうした外部からの制約で線形順序にならざるを得ない．ミニマリスト・プログラムにおいては，語順の問題は統語構造を外在化，つまり音声化する時に生じる問題だと考えられている．つまり，人間の言語は語彙項目を統語部門で併合によって組み立てて自分の脳内で処理している間は完全に均一であり，言語の多様性は，組み立てられた構造を外在化（音声化）するときに生じる．

　Berwick and Chomsky (2011: 37–38) は，次のように言う．

(40)　パラメタ――化と多様性は，ほとんど外在化に限定される．言語の多様性は複雑で変化に富んだ外在化の方式から生まれる．

つまり言語の多様性はインターフェイスで起こるということになる．このような理論的状況を背景に，統語構造は音韻構造が決定し，さらに歴史的な統語構造の変化も音韻構造の変化で説明される，とする主張が出てきたわけである．例えば，Longobardi (2001: 277, 278) は次のような慣性理論（Inertial Theory）を主張している．

(41)　In fact, under the Inertial Theory, I want to explore … the hypothesis that at least *syntax* by itself, is diachronically completely inert.

(42)　I will suggest that linguistic change proper … may only originate as an interface phenomenon, in the sense of Chomsky's Minimalist Program.

(43)　I will tentatively assume that syntactic change should not arise, unless it can be shown to be caused — that is, to be a well-mo-

tivated consequence of other types of change (phonological and
semantic changes, including the appearance / disappearance of
whole lexical items) or, recursively, of other syntactic changes ….

　要約すると，言語変化はインターフェイスに起こる現象であり，統語変化
は，他の部門の変化（音韻部門や意味部門）の結果として起こるものであり，
それ自体，変化を引き起こすことはない．統語構造は外からの力が働かない
限り，そのままの状態である．この考えは，もとをたどれば「言語は，外か
らの力が加わるか，内部で衰退変化しない限りは現状のままである」という
Keenan (1994, 2002, 2009) の考え方に基づいている．

　この主張が正しければ統語変化は音韻構造と，語彙の変化によって引き起
こされるということになり，統語論部門は不要ではないかという意見が出る
のも理解できる．

　しかし，この主張には，例えば歴史の立場から Walkden (2012) などは，
反対を唱えている．たしかに，英語の語順の変化に関して5節で述べたよ
うな疑問点もある．さらに，統語構造が音韻構造を統制していると思われる
例も存在する．さらに，英語の変化の中では統語構造からの要請が力を持つ
例や機能範疇が出現してきたことで義務的になった統語現象があることも見
た．統語構造からの要請で存在するようになった expletive it を思い出して
ほしい．つまり，音韻構造からくる圧力と，統語構造からの圧力が両方存在
していると考えられる．したがって，現時点で結論を出すことは尚早であろ
う．ただ，このような議論は研究を活発にするという点でも大変有意義なこ
とである．

　いずれにしても，英語史の変化をこうしてみてくると，言語の個々の部門
が絡み合い，それぞれ影響しあい，変化が起こり，その変化が定着するとそ
れが新しいインターフェイスの変化に連なっていく，言語のダイナミズムが
感じられる．ことばの変化というと，単語が消えるとか，新しい新語が登場
するといったことを思い浮かべるが，音と絡み合った，生き生きとしたまさ
に「生き物」のような存在として言語が変貌を遂げていくことがわかる．

第 2 章

「燃えよドラゴンズ！」の音韻論と形態論
──日本語のテキストセッティングと言語学のインターフェイス──[*]

田中真一 (神戸大学)

1. はじめに

　プロ野球中日ドラゴンズの応援歌「燃えよドラゴンズ！」は，スポーツ応援歌の中でもユニークな特徴を持つ．本章は，この歌のテキストセッティング (text-setting) を中心に分析し，同曲が音韻論・形態論における一般性の高い概念に則って作られていることを示す．分析を通して，定型詩，歌謡，野球声援など他のテキストセッティング現象との関係を示すとともに，セッティングに関わる音韻論・形態論の諸概念を紹介する．上記を通して，音韻論–形態論–音楽の間のインターフェイスを多角的に論じる．

　2 節では分析の前提となる音韻論と形態論の諸概念を紹介し，続く 3 節では調査と分析を行う．4，5 節では音韻論，形態論の諸制約との関係について論じ，最後にまとめと課題を述べる．

[*] 本研究は，国立国語研究所共同プロジェクト「対照言語学の観点から見た日本語の音声と文法（プロソディー班）」研究会（2020 年 11 月 27 日）での口頭発表の一部を修正したものである．発表に対して貴重なコメントを下さった聴衆の方々に記してお礼申し上げる．また，本研究の一部は，上記プロジェクト，および JSPS 科研費（20K20700），(21H00523)，(18H00666) の助成を受けている．

2. 言語文化と音韻論・形態論

2.1. テキストセッティング

　テキストセッティング (text-setting) とは，text-alignment とも呼ばれ，歌や詠唱，声援などの，あらかじめ決められたリズム型にテキストを当てはめる方法のことを指す (Kiparsky (2020))．Halle and Lerdahl (1993) は，テキストセッティングについて，次のような指摘をしている.

> when singers encounter a novel stanza for a song that they know, they have consistent intuitions about where the syllables of the stanza ought to be aligned in time when the new stanza is sung.

> (Halle and Lerdahl (1993))

すでにメロディーを知っている曲において新奇の一節に出会った時，歌い手は，その一節の中のどの音節がどの位置と揃えられるべきかについて一貫した直感を持っていると指摘し，そのことから人はテキストセッティングに関して生産的な能力を持っていると論じている．また Hayes (2005) や Hayes and Kaun (1996) は，とくに英語のテキストセッティングについて，以下の一般的特徴を述べている.

　　(1)　英語におけるテキストセッティングの方策 (Hayes (2005))
　　　　a.　強勢を行の強位置に揃える.
　　　　b.　空白のビートを避ける (No Lapse).
　　　　c.　ビートに対し過度に音節を押し込むことを避ける.
　　　　d.　音韻的な句の境界を行の境界と揃える.

さらに，(1a-d) を同時に満たすことはほぼ不可能であり，良いテキストセッティングにおいては，より優先度の高い制約を満たすために，それよりも低い制約がしばしば違反されると指摘している．Hayes (2005) によると，例えば多くの行において，行内の空白を避ける ((1b) を守る) ために，強勢が行の弱位置に置かれる ((1a) に違反する) といったことが見られる.

　本章では，日本語のテキストセッティングにおいてどのような制約が見られるかを分析し，それらの関係を整理することを通して音韻的な一般性を論じる.

2.2.　言語のリズム類型とテキストセッティング

　リズム（rhythm）とは，ある要素の一定の繰り返しのことを指す．言語によってどの音声要素が繰り返されるのかが異なっている（Trubetzkoy (1958/1969)）．英語やドイツ語のように強勢が繰り返される「強勢拍リズム言語」（stress-timed language），また，イタリア語やフランス語のように音節が繰り返される「音節拍リズム言語」（syllable-timed language），さらに，日本語のようにモーラが繰り返される「モーラ拍リズム言語」（mora-timed language）の 3 つに分類されることが知られている．

　Dell and Halle (2009) は，このうち強勢拍リズムに属する英語と，音節拍リズムに属するフランス語におけるテキストセッティングを対照し，以下のような興味深い報告をしている．

> … while English matches stresses to strong beats across the board, French does so only at the end of lines, and that French traditional songs on the other hand require a parallel pairing of syllables to beats in each stanza, which is not the case in English.

(Dell and Halle (2009)，下線は筆者による)

英語が全面的に強勢を行内の強ビート（強スロット）に揃えるのに対し，フランス語は，基本的には，各音節を各ビートに揃え，末尾位置においてのみ強勢（音節）をビートに揃えるという方策がとられる．[1] これらのことは，テキストセッティングにおいても基本的に各言語のリズム類型に則った調整が行われ，同時に，別の音声要素による局所的な調整も行われることを示している．モーラ拍リズム言語に属する日本語においても，フランス語と並行的なことがいえる（2.3節）．リズム類型とセッティングとの関係をまとめると，表 1 のようになる．

---

[1] 本章では，ビート（beat）とスロット（slot）という用語を併用する．テキストセッティングにおいて，領域内の 1 音に相当する単位に対し，しばしばビート（beat）という語が用いられる．この用語は，強勢拍リズム言語一般，また，それ以外のリズム言語においても声援等の拍子を打つタイプの現象には相応しいものの，俳句・川柳などのそれを伴わないものを表すのにはそぐわない．そこで，非強勢拍リズム言語のビートを伴わない現象においては，とくにスロットという語を用いることにする．特別な言及のない限り，両者は同一の内容を指す．

32

リズム類型	言語	基本調整	末尾調整
強勢拍	英語	強勢	音節（韻律外）
音節拍	フランス語・イタリア語	音節	強勢
モーラ拍	日本語	モーラ	音節

表1：リズム類型とテキストセッティング

いずれのリズム類型に属する言語においても，その言語の基本リズム単位によって各行を揃えるのと同時に，とくに末尾位置に限り，別の音声単位によって調整を行うということを示している．このことは，個別言語のリズムが1つの音声要素だけでなく，複数の音声要素を利用していることを端的に示している．

2.3. リズム定型に見るテキストセッティング

ここで，リズム定型と言語リズムの調整について確認する．フランス語と同じく，音節拍リズム言語に属するイタリア語は，テキストセッティングにおいても，フランス語（Dell and Halle (2009)）と同様の方策によって調整を行っている．

イタリア語における詩の形式の代表的なものとして，各行を11音節で満たす11音節詩（endecasillabi）という形式が有名である．以下は，ダンテ（Dante Alighieri）の『神曲』（*La Divina Commedia*）のいくつかの行であり，数字は各行におけるスロット（ビート）の番号を示す．重要な点として，11音節詩において，基本的に各音節を各スロットに揃え，語の**強勢位置（太字）**は自由であるのに対し，行末10番目のスロットのみ強勢（大文字）によって揃えられる．なお，‘.’は音節境界を，それのないスペースのみの表示は，（音節境界であると同時に）語境界を示す．

具体的には，行末に置かれる語の強勢位置により（2a–c）の調整が行われる．このうち，イタリア語におけるデフォルト強勢位置を反映した（2a）が基本形であり，（2b）はいわゆる「字余り」，（2c）は「字足らず」の構造である．

(2)　　　1　　2　　3　　4　　5　　6　　7　　8　　9　　10　　11

　　a.　nel **mez**. zo　del cam. **min**　di　**nos**. tra　**VI**.　ta
　　　　（我々の人生の　半ばまで　歩んだ時）

　　b.　**o**.　ra　cen **por**. ta l'un de' **du**.　ri **MAR**. gi.ni
　　　　（今，堅い縁の1つが，我々をそこに運ぶ）

　　c.　se **to**. sco **sè**, **ben sai** o. **mai** chi **FU**　〜
　　　　（お前がトスカーナ人なら，もはや誰か分かるはずだ）

（ダンテ『神曲』より）

　（2a）はもっとも基本的な型であり，1行内の11のスロットがそれぞれ11の音節によって揃えられている．これは，イタリア語における無標の強勢位置に関係し，同言語において語末2音節目がデフォルト強勢位置（Krämer (2009)）であることから必然的に生じるものである．（2b）のように行末が語末3音節目に強勢のある語によって占められた場合は，いわゆる字余りが生じ，11番目のスロット（ビート）に2つの音節が圧縮された形で生起する．これに対し，（2c）のように行末が語末強勢の語によって占められた場合は，10番目のスロットに強勢音節が揃えられ，それが11番目のスロットまで伸長（〜）する．

　以上のように，イタリア語の11音節詩のセッティングはフランス語と同様，基本的に各音節を各スロットと揃え，末尾位置のみ局所的に，強勢をスロットと揃えるという方策がとられる．このことは，テキストセッティングにおいても，各言語のリズム類型に則った調整が行われていることを示しているのと同時に，局所的な微調整が，別のリズム単位によって行われていることを示している．

2.3.1. 川柳字余り

　上記と並行的な現象が，日本語定型詩のテキストセッティングにおいても見られる．以下は，現代川柳5モーラ句（第1, 3句）の字余り句の例を示している（'　'は，とくに末尾2モーラにおける音節境界を示す）．（3a）と（3b）とで字余りの生産性，知覚的許容度ともに明確な非対称性が見られる．（3a）の，つまり句末が1音節（重音節）を形成する例の生産性・自然度がはるかに高い（田中 (1999, 2008)）．

(3) a.　サラリー.マン（サラリーマン 家でもこなす 苦情処理）

　　　せいじん.びょう（あこがれの 貫禄ついて 成人病）

　　　ことわり.たい（プロポーズ あの日に帰って 断りたい）

　　　ブランド.ひん（ブランド品あんたが着ればバーゲン品）

　　　バーゲン.ひん（同上）

　b.　このひと.つ.ぼ（おれよりも 値打ちあるのか この一坪）

　　　きゅーかと.ど.け（休暇届 書類の下に そっと出し）

　　　ローンか.り.て（ローン借りて自分の値打ち知らされる）

（3a）のように，5つ目のスロット（5音目）が重音節（2モーラ音節）による1音節の場合に字余り句の生産性が高く，字余りと知覚されにくい（自然なリズムとして許容されやすい）．それに対し，そこが2音節である場合は生産性が低く，字余りと知覚されやすい．これらについて非字余り句を加え統一的に一般化すると，（4）のようになる（田中（2008）ほか）．

(4)　｜4モーラ｜＋1音

　a.　｜μμμμ｜M（字余り0）やまとさ｜ん　　（大和さん）

　b.　｜μμμμ｜L（字余り0）やまもと｜し　　（山本氏）

　c.　｜μμμμ｜H（字余り1）やまもと｜さん（山本さん）

　　　　　　　　　　　　　　　　句末音節量の中和 (4b, c)

　（μ：任意のモーラ，M：特殊モーラ，L：軽音節，H：重音節）

5モーラ句は基本的にモーラによって各スロットが満たされ，末尾位置に限り局所的に，音節という別のリズム要素によって満たされる．この点においてイタリア語・フランス語のテキストセッティング（表1）と並行的である．

　また，7モーラ句（中七）については，（5c）のような「4モーラ＋4モーラ」が生産的な字余り句であること（田中（1999, 2008）），非字余り句は（5a, b）のように末尾か初頭の1スロットが休止になり，真ん中の4モーラ目と5モーラ目との境界が揃えられることが知られている（上山（1990））．上記をまとめると（5）のような分類ができ，4モーラの単位（l）を領域としてすべてのパターンの一般化が可能になる（田中（2015）．[2]

---

[2] 別宮（1977）は，5モーラ・7モーラ句について，いずれも8モーラの鋳型から成ると

(5)　7 モーラ句の字余りを含む一般化

　　a.　$|\mu\mu\mu\mu|\mu\mu\mu$ 休$|$　（4＋3：字余り 0）

　　b.　$|$休$\mu\mu\mu|\mu\mu\mu\mu|$　（3＋4：字余り 0）

　　c.　$|\mu\mu\mu\mu|\mu\mu\mu\mu|$　（4＋4：字余り 1）

(6)　a.　$|$ま け る な$|$い っ さ 休$|$

　　　　（痩せ蛙 負けるな一茶 これにあり）

　　b.　$|$休 か わ ず$|$と び こ む$|$

　　　　（古池や 蛙飛び込む 水の音）

　　c.　$|$あ の ひ に$|$か え っ て$|$

　　　　（プロポーズ あの日に帰って 断りたい）

上記の 4 モーラの領域が歌謡の定型においても同様に生産的に観察され，それらの枠の中でリズム調整の行われることを，3 節で分析する．

2.3.2.　歌謡

　日本語において歌謡のリズムを分析した研究は多くを数え，そのほとんどが言語リズムの基本単位と 1 音符との関係に着目したものである．日本語のリズム単位がモーラと音節いずれなのかという文脈において検討されてきたといってよい（Vance (1987, 2008)，氏平（1996），窪薗（1999），田中（2008）ほか）．また，モーラを基本とする型から徐々に音節を併用する型へと移行しているという（田中（2008））．

　上記を発展させた分析として，語の長さおよび生起位置と音符付与との関係についての論考がある．田中（2008）は，上記 2 つの観点をもとに，（5 μ 以上の）長い語の末尾位置において多くの割合で重音節単位に音符が付与されやすく，末尾位置の音節量が中和することを報告し，川柳 5 モーラ句におけるテキストセッティング（2.3.1 節）との共通性を指摘している．

　こういった研究も存在するものの，行や小節といった枠との関わりについては，ほとんど分析されていないといってよい．この点に関して田中（2015）は，歌謡において一種の定型が見られることを提示した．（7）のように，い

───────────────

している．（4）も（5）もその考え方に沿うものである（（4）は 1 音の後に 3 モーラ分の休止を置き，8 モーラとなる）．

くつかの歌謡において，1行が4モーラによる小節の繰り返しの後，末尾に1モーラあるいは1音節置くことによって構成される型が多く見られることを示した．この構造を便宜上「4x＋1」と呼ぶ．この「4x＋1」の構造は，定型詩5モーラ句の構造（4）と共通する．（7）は小節内の歌詞が4モーラによって3回繰り返され（x＝3），その後，モーラあるいは音節レベルの1音が行の最終スロットと揃えられる構造を持つ．ちなみに，（7）と同様「x＝3」の場合が生産的に見られ，後に分析する「燃えよドラゴンズ！」もこの構造に該当する．[3, 4]

(7)　「4x＋1」:［4 μ の x 回繰り返し］＋1 μ/σ

 a.　「どんぐりころころ」（詞：青木存義，曲：梁田貞）

  どんぐり　｜ころころ　｜どんぶり｜こ
  おいけに　｜はまって　｜さあたい｜<u>へん</u>
  どじょうが｜でてきて　｜こんにち｜は
  ぼっちゃん｜いっしょに｜あそびま｜<u>しょう</u>

  （団栗ころころどんぶりこ
  お池にはまってさあ大変
  泥鰌が出て来てこんにちは
  坊っちゃん一緒に遊びましょう）

 b.　「雨降り」（詞：北原白秋，曲：中山晋平）

  あめあめ　｜ふれふれ　　｜かあさん｜が
  じゃのめで｜おむかえ　　｜うれしい｜な
  ぴちぴち　｜ちゃぷちゃぷ｜らんらん｜<u>らん</u>

  （雨，雨降れ降れ母さんが
  蛇の目でお迎え嬉しいな
  ぴちぴちちゃぷちゃぷ らんらんらん）

上記を踏まえ，テキストが行・節の中でどのようにセッティングされるかを，とくに定型的である「4x＋1」の構造を持つ歌を中心に分析する．

---

 [3]　行数についても，「4x＋1」×4行で1番を形成する（7a）の型がもっとも生産的である．
 [4]　（7）のような「4x＋1」型は，他にもたとえば「ゆうやけこやけ」，「たき火」，「ともだち讃歌」，「舟唄」，「ギザギザハートの子守唄」など多く見られる（田中（2015））．

2.3.3.　野球声援

　日本語の野球声援は，以下のように，「3 スロット（ビート）＋1 休止」の
4 拍子の構造を持ち，X に入る選手名の長さと音節配列にもとづき規則的な
テキストセッティングが行われる（田中（1999, 2008），Ito et al.（2019））．

(8) （♩ ｜ ♫ ｜ ♩ ｜休） ♩｜♩｜♩｜休
　　（かっ｜とば｜せー｜休） X ｜ X ｜ X ｜休

(9) は，選手名の長さにもとづいて声援のパターンをまとめたものである．
(10) は，このうち (9a-c) の 3 モーラ以下選手名の具体例をあげている．

(9) a.　N＝1μ：第 1 モーラを第 1 ビートに揃え，母音を残り 2 つの
　　　　　　　　ビートに拡張（〜）する．
　　b.　N＝2μ：第 1 モーラの母音を第 2 ビートまで拡張し，最終モー
　　　　　　　　ラを最終ビートに揃える．
　　c.　N＝3μ：すべてのモーラを各ビートに揃える．
　　d.　N≧4μ：①最終音節を第 3 ビートに，②その直前の H/LL/
　　　　　　　　HL いずれかを第 2 ビートに，③残りの音節を第 1
　　　　　　　　ビートに揃える．[5]

(10) a.　リ　　：リ｜〜｜〜（李）
　　b.　ね.お　：ね｜〜｜お（根尾）
　　　　そん　：そ｜〜｜ん（宣）
　　c.　か.け.ふ：か｜け｜ふ（掛布）
　　　　シ.ピン：シ｜ピ｜ン（シピン）

(9a-c) と (10) を見る限り，野球声援のテキストセッティングは基本的に
モーラにもとづき，その点において，これまでに観察した日本語の他の現象

---

[5]　(9d) の①から③の順に優先的にビートが埋められる．このため，4μ 以上であっても
末尾音節を①のように揃えた時点で②と③が満たせない長さの場合，たとえば LLH や
HLH のような場合は，②の規則に違反し，それぞれ l｜L｜H (e.g. お｜ち｜あい（落合))
と m｜ML｜H (e.g. バ｜ンス｜ロー（バンスロー))となる（m: 自立モーラ，M: 特殊モー
ラ）．これは「ビートは空白にしてはならない（No Lapse）」という，より上位の制約に起
因する．仮に②を満たした場合，それぞれ，*φ｜LL｜H (*φ｜おち｜あい) と，
*φ｜HL｜H (*φ｜バンス｜ロー) のように第 1 ビートが空白（φ）になる．これらの詳細
については，田中 (2008)，そして Ito et al. (2019) を参照されたい．

におけるセッティングと共通する．換言すれば，入力の選手名のモーラ数が
ビート（スロット）数内に収まる範囲においては，基本的にモーラにもとづ
くセッティングが行われるというわけである．

　ところが，入力のモーラ数がビート数を超える，つまり，いわゆる字余り
が起きると，末尾方向から音節（syllable）という単位が役割を担うように
なる．興味深いことに，この点においても，本章で扱う種々の言語現象を問
わず一貫性が見られる．

　(11)-(13) は，上記 (9d ②) の次語末音節がそれぞれ H (11)，LL (12)，
HL (13) である選手名の型である（第 2 ビートに対応する部分をそれぞれ
太字で示している）．

(11)　第 2 ビート（**H**）
　　　♩　　♩　　♩
　　　LL｜**H**｜L：セギ　｜ノー｜ル
　　　　　　　　　　きた　｜べっ｜ぷ（北別府）
　　　 L｜**H**｜H：デ　　｜シン｜セー
　　　　　　　　　　フ　　｜ラン｜ボー
　　　HL｜**H**｜L：アイル｜ラン｜ド

(12)　第 2 ビート（**LL**）
　　　♩　　♩　　♩
　　　LL｜**LL**｜L：マル　｜**チネ**｜ス
　　　　　　　　　　おが　｜**さわ**｜ら（小笠原）
　　　 L｜**LL**｜H：オ　　｜**グリ**｜ビー
　　　 H｜**LL**｜L：アー　｜**ノル**｜ド
　　　LLL｜**LL**｜L：マクド｜**ナル**｜ド

(13)　第 2 ビート（**HL**）
　　　♩　　♩　　♩
　　　 L｜**HL**｜L：ア　　｜**レック**　｜ス
　　　 H｜**HL**｜L：バー　｜**フィール**｜ド
　　　HL｜**HL**｜L：げんご｜**ろーま**　｜る（源五郎丸）

興味深いことに，野球声援のテキストセッティング方策は，リズム現象のみ
に止まるものではない．音節の配列と内部構造といったリズム構造がアクセ

ントに関与することは言語を超えて見られることであるが，野球声援におけ
る第 2 スロットの位置は，日本語東京方言における外来語のデフォルトア
クセント位置と一致する（田中 (2008)，窪薗 (2019)）．

　音節にもとづく外来語アクセント規則は，ラテン語アクセント規則（LAR:
Latin Accent Rule）と類似することが知られている（Kubozono (1996)）．そ
れは「基本的に語末から 2 つ目の（重）音節に置かれ，そこが軽音節の場合
はその 1 つ前に置かれる」という規則であるが，面白いことに，LAR が予
測するアクセント位置は，野球声援の (11)–(13) における第 2 ビート（の
前半部分）に一致する．じっさい，(11)–(13) のカタカナ選手名は，その位
置にアクセントが置かれている．アクセントの算定方法とリズムの分節
（セッティング）とが密接に関係するわけである．

　以上述べたように，リズムの現象は，音韻論・形態論において幾重にも関
係することがわかる．本章では，これらの現象を結びつける試みとして，
「4x + 1」定型の歌の中で，どのようなセッティングが行われるかを分析す
る．具体的には次のような課題を設定する．

- 異なるタイプのテキストセッティングにどのような異同，とくに共通
  性が見られるか．
- テキストセッティングの方策が言語一般の制約とどのように関係する
  か．

これらの課題を解く鍵の 1 つとして，プロ野球中日ドラゴンズの応援歌「燃
えよドラゴンズ！」を対象とする．後述のように，この歌は選手・コーチ・
監督・球団名の列挙を基本的な特徴とし，同一のメロディー（曲）に対し，
異なる年代において異なる歌詞（人名・固有名詞）で歌われる有節歌曲
(strophic song) の形式を持つ．つまり，対応するスロットに異なる歌詞が
入ることになり，入力とスロットとの関係を観察することが可能である．

3. 「燃えよドラゴンズ！」のテキストセッティング

3.1. 「燃えよドラゴンズ！」

　「燃えよドラゴンズ！」はプロ野球中日ドラゴンズのもっとも有名な応援
歌として知られている．1974 年に山本正之氏によって作詞作曲されて以来，

現在に至るまで，同じメロディーに対して歌詞の固有名詞の部分を中心に変更しながら，2021 年現在まで 20 数曲を数える。[6]

　曲は基本的に 1 番から 8 番までで構成されている。各番・行・小節で歌われる内容は時代を超えてほぼ共通し，固有名詞の部分を中心に入れ替わるという構造を持つ。このため，任意の小節の歌詞を聞くと，何番のどの部分なのかがすぐに分かるわけである。ちょうど，1 つの鋳型に対し，入力の選手名によってセッティングのパターンが変わるのと同じ効果が得られることになる。

3.2. データ

　CD『昇竜魂：ドラゴンズ 70th メモリアルソングス』キングレコード (2007) に収録された 16 曲の「燃えよドラゴンズ！」を対象とした。同 CD には，1974 年から 2005 年までに作られたほぼ全ての曲が収録されている。[7] 曲の構造 (14) にもとづき，本章ではサビの部分を除く全 1968 小節を分析対象とした。なお，各部分については，再び図 1 で検討する。

(14)　「燃えよドラゴンズ！」作詞・作曲：山本正之
　　　 16 曲 [1974-2005]
　　　 ×8 番（1 曲のみ 3 番で終了）
　　　 ×4 行（サビ以外の部分）
　　　 ×4 小節
　　　 ＝1968 小節

分析にあたって歌詞の内容にもとづく構造を検討する。上記 8 番までに歌われる歌詞内容は概ね (15) の通りである。(16) に，1-4 番の歌詞を挙げる（1974 年版にもとづく。また，5-8 番については巻末資料に掲載する）。

---

[6] 曲名は，1973 年公開の香港映画「燃えよドラゴン」に因んでいる。「燃えよドラゴンズ！」はラジオ番組に持ち込まれてからラジオを通してヒットし広く歌われ，球団応援歌の位置を占めるようになった。それ以前の球団歌として「中日ドラゴンズの歌」が使われていた（作曲は「読売ジャイアンツの歌（闘魂こめて）」，「阪神タイガースの歌（六甲おろし）」と同じ，古関裕而による）。球団からの委嘱でない点においてもユニークな存在である。

[7] 例外的に収録されなかった曲も一部（例えば，1999 年版（歌・舟木一夫））にはあるが，2005 年までの曲は概ね網羅されているといってよい。

各行（16a-d）のメロディーは類似のものの繰り返しである．また，各番（16d）の直後に「いいぞがんばれドラゴンズ 燃えよドラゴンズ！」というサビの歌詞が続く．固有名詞（XXX で表示する）が大半を占めている（なお，固有名詞以外の部分である<u>下線部</u>の歌詞内容も曲の年代によって変更される）．

(15) 「燃えよドラゴンズ！」歌詞内容

    1番：メインテーマ（**球場名**）

    2番：打順 1-4 番**打者名**　　　＋<u>打席内容</u>

    3番：打順 5-8 番**打者名**　　　＋<u>打席内容</u>

    4番：主力**投手名**　　　　　＋<u>投球内容</u>

    5番：控え**選手名，コーチ名**＋<u>コメント</u>

    6番：控え**選手名，コーチ名**＋<u>コメント</u>

    7番：敵チーム名　　　　　＋<u>打倒</u>

    8番：結び（**監督名**）　　　＋<u>優勝祈願</u>

(16) 「燃えよドラゴンズ！」歌詞構成（1974 年版にもとづく）

    1番　a.　遠い夜空に こだまする

        b.　竜の叫びを 耳にして

        c.　XXX に つめかけた

        d.　ぼくらをじーんと しびれさす

          （いいぞがんばれドラゴンズ 燃えよドラゴンズ！）

    2番　a.　一番 XXX が <u>塁に出て</u>

        b.　二番 XXX が <u>ヒットエンドラン</u>

        c.　三番 XXX が <u>タイムリー</u>

        d.　四番 XXX が <u>ホームラン</u>

          （いいぞがんばれドラゴンズ 燃えよドラゴンズ！）

    3番　a.　五番 XXX が <u>クリーンヒット</u>

        b.　六番 XXX が <u>流し打ち</u>

        c.　七番 XXX <u>ヒットエンドラン</u>

        d.　八番 XXX が <u>スクイズバント</u>

          （いいぞがんばれドラゴンズ 燃えよドラゴンズ！）

    4番　a.　XXXXXX <u>強気の勝負</u>

    b. XXX，XXX のミラクル投法

    c. XXX，XXX の快速球

    d. XXX も XXX も XXX も

    （いいぞがんばれドラゴンズ 燃えよドラゴンズ！）

（15）（16）のように，どの歌詞内容が曲のどの部分で歌われるのかがほぼ決まっており，童謡などと同様の有節形式をとっている．

　次に曲の構造に着目する．この曲が「4x＋1」（x＝3）の構造を持つことは前に述べた．例えば（16a-d）を（7）のメロディーに乗せて歌うことも，反対に（7）の歌詞を（16a-d）のメロディーに対応させることも可能である．

　その一方で，固有名詞をはじめとする歌詞の部分が入れ替わり，異なる長さ・音節構造・形態構造を持つ語が歌詞の入力となる．1小節という一定の枠において，異なる長さ・音節構造を持つ歌詞がどのようにセッティングされるかという観点からの分析が可能となる．

　図1は「燃えよドラゴンズ！」（2005 年版）の 1-3 番を（16）の構造をもとに採譜したものである．図の 1-4 行目は，それぞれ（16）の a-d の行と対応し，5，6 行目は（16）の（サビ）の部分と対応する．[8, 9]

---

　[8] 本章では言語構造との関係を見るために，便宜上，四分音符（♩）を基本に，1 行 4 小節（×6 行）から成る図 1 の楽譜を設定した．ただ，正確には，図の二分の一の音価である，八分音符（♪）が基本で，1 行 4 小節（×3 行）の（（16）の a, b で楽譜の 1 行を表す）提示法が本来のものと思われる．仮に八分音符を基調とした場合，歌詞とセッティング構造との対応が観察しにくくなる．このような理由により，本章では図 1 のような四分音符基調の形式を採用している．

　[9] 採譜は筆者による．なお，採譜した楽譜の電子入力については永富央章，高嶋秀（神戸大学大学院生）各氏の，また，データ入力については伊藤沙和，河井美樹（神戸大学学部生）各氏の補助を得た．記してお礼申し上げる．

燃えよドラゴンズ

図1：「燃えよドラゴンズ！」（2005年版）
歌詞形式にもとづく採譜

　図1において歌詞と行・小節との関係を見ると，1行が「4x＋1」（x＝3）となっているのがわかる．そして，図1の1-4行目（(16)のa-dの行）は，メロディーにさほど変化がなく，各小節レベルにおいても対応している．

　各行の小節に着目すると，前半（第1，2小節）と後半（第3，4小節）とが大きく異なるふるまいを示していることもわかる．各行前半の第1，2小節において，語や句のレベルで4モーラに揃えられている（4モーラの語・句が2つ連続している）．それに対し，後半の第3，4小節は，両小節に跨り5モーラを中心とした語句が当てられている．このように見ると，前半の第1，2小節の連続は(5)の定型詩第2句（7モーラ句）と，後半の第3，4小節は(4)の定型詩第1，3句（5モーラ句）との共通性が見いだせる．

44

　次節では，各小節を念頭に置き，行内を上記のように前半・後半の2つに分けて分析し，定型詩などにおけるテキストセッティングとの異同を論じる．

3.3.　テキストセッティングとリズム単位

　まず，空白スロットについて考える．図1からも窺えるように，「燃えよドラゴンズ！」では，休止（空白のスロット）は許容されにくく，行末のみに生起することが分かる．各小節内部における休止（空白スロット）はまったく許容されず（0%: 0/1968），また，行の初頭位置にも同様に許容されない（0%: 0/492）．これらのことは，（1b）の No Lapse と関係している．

　各小節内のスロット数とモーラ数との関係に着目する．分析にあたり各行前半の2小節をそれぞれ「4μ小節」として，後半2小節を1つにまとめ「5μ小節」として再解釈する．つまり，各行を「4＋4＋5」の3単位（計1476小節）として分析することとする．それらの小節を基準にして歌詞のモーラ数と小節内の音符数との関係を見ると，（17a）「字足らず」（歌詞＜音符），（17b）「合致」（歌詞＝音符），（17c）「字余り」（歌詞＞音符）のように3通りの可能性が考えられる．それらの内訳は以下の通りである．

（17）　各小節内における歌詞のモーラ数と音符数との関係

	a.　字足らず	b.　合致	c.　字余り	合計
	（歌詞＜音符）	（歌詞＝音符）	（歌詞＞音符）	
	263	1111	102	1476
	18%	75%	7%	100%

歌詞のモーラ数と音符数とが完全に一致する小節（17b）は，全体の3/4程度（1111/1476）であり，「字足らず」と「字余り」がともに一定数生起（それぞれ2割弱と1割弱）していることが分かる．面白いことに，「字足らず」と「字余り」が生起する位置は，それぞれほぼ対応している．表2は，（17a-c）それぞれの生起について，前半4μ小節と後半5μ小節とに分けて示したものである．なお，後者は第3，4小節を1つにまとめたため，前半4μ小節の数（984）のちょうど半分（492）の関係になる．

	前半 4 μ 小節 （第 1, 2 小節）	後半 5 μ 小節 （第 3 ＋ 4 小節）	合計
a. 字足らず （歌詞＜音符）	**263** **（27%）**	0 （0%）	263 （18%）
b. 合致 （歌詞＝音符）	707 （72%）	404 （82%）	1111 （75%）
c. 字余り （歌詞＞音符）	14* （1%）	**88** **（18%）**	102 （7%）
合計	984 （100%）	492 （100%）	1476 （100%）

表 2：行内小節位置における歌詞モーラ数と音符数との関係

「字足らず」（歌詞＜音符）のすべてが前半小節（4 μ 小節）に生起する（100%：263 / 263）のに対し，「字余り」（歌詞＞音符）の大半が後半小節（5 μ 小節）に生起（87%：88 / 102）しており，両者の明確な棲み分けが確認できる。[10] これを入力（歌詞）の側から見ると，例えば，5 モーラ以上の語は，前半小節に置くことができず，必ず後半小節に置かれなければならないということを示している（それを前半小節に置くならば，たとえば短縮形にして 4 モーラ以下にしなければならないことになる）。このような操作の詳細については第 4 節で再度確認することにするが，行の前半と後半とで，対照的なテキストセッティングが行われ，両者の役割が異なることが明らかになった。

3.4.　「4x＋1」定型とセッティング

　ここでは，各行のとくに前半に位置する 4 μ 小節のテキストセッティングを見る。表 3 の行は，前半 4 μ 小節内に生起した名詞・動詞・形容詞などの内容語（content word）をモーラ数別に示し，それぞれの語が 1 小節内において，どのようにセッティングされるかを表したものである。語が 1 小節

---

[10] 前半 4 μ 小節における「字余り」の 14 例は，すべて 1 つの歌詞・生起位置に集中していた。具体的には各歌 8 番サビの直前にある，4 行目第 2 小節「｜XXX｜かんとくの｜」（XXX 監督の）の下線部分 14 例である（XXX：人名）。

の基本形（4μ）より短い場合，おもに，母音を伸ばす「引伸し」と，助詞などの機能語（function word）を伴う「助詞付加」の2つの操作によって，小節の長さを満たしている．表3では，列に上記操作の種類を取り，両者の関係を示した．なお，表中の 太枠 は，行と列との関係により小節内の文節が4μの長さに対応したものを示している．

内容語 入力形	引伸し（＋1μ） ＆助詞（＋1μ）	助詞付加 （＋1μ）	引伸し （＋1μ）	単独	合計
1μ	0	0	0	0	0
2μ	**98**	0	0	0	98
3μ	0	**280**	**165**	0	445
4μ	0	14*	0	**417**	431
≥5μ	0	0	0	2	2
合計	98	294	165	419	976

表3：第1・2小節（4μ小節）内のセッティングパターン

特筆すべき点として，1モーラの内容語が全く生起していないことが挙げられる．同時に，5モーラ以上の内容語もほとんど生起しない．つまり，前半4μ小節に生起可能な内容語のサイズは，2-4μということになる．この点については，音韻論・形態論との関わりにおいて，4.1節で論じる．

　内容語が2-4μの長さに収まれば，表3太字枠内のように小節内で4μになるようセッティングされる．つまり，文節あるいは語の両端と小節の両端とが一致し，かつ，両者が4μで一致するというセッティングが行われるわけである（一致率98％：960/976）．[11]

　興味深いことに，入力の2-4μの内容語は，その長さによって生起方法が異なる．まず，2μの内容語は，（18a）第2小節の例に見られるように「1μ助詞付加」かつ「1μ引伸し」という手段で2μ分を加え，4μのサイズを満たしている（引伸しは，とくに「〜」で表記し，語にもともと備わっている

[11] 第1・2小節の境界（左右両端）と語・文節との境界に不一致のある例は，8小節（4例）のみであった（e.g. なかかん／と〜くの／（中監／督））．この8小節は表2から除外しており，表3の合計が976（表2の984例より8例少ない数）となっている．

長音「ー」と表記上区別する）.[12] 3μ内容語は（18b）のように「1μ助詞付加」あるいは「1μ引伸し」のいずれかの手段によって4μ小節にセッティングされる．これに対し，4μの内容語は，（18c）のように助詞付加も引伸しも行われず，義務的に単独形で生起する．

(18) ♩♩♩♩|♩♩♩♩ |♩♩♩♩|♩

   a. いちばん|**た〜おが** |るいにで|て （田尾が）［1982］

   b. いちばん|**たかぎが** |るいにで|て （高木が）［1974］

   c. いちばん|**ジョンボム**|るいにで|て （（李）ジョンボム）

                                    ［1998］

このように，内容語のサイズによってセッティングの方策が規則的に予測される．重要な点として，モーラレベルで語・文節が4μ小節に収まっているということは，語・文節の両端（左端と右端）が小節の両端（左端と右端）にそれぞれ揃えられるということである．

さらに表3を注意深く見ると，他のモーラ数と異なり，入力形が3μ内容語のみにおいて「助詞付加」と「引伸し」という異なる2つの方策のうちいずれかによってセッティングが行われている．両者の違いを検討すると，選択には明確な基準があり，内容語が助詞を伴う可能性があるか否かの基準によって，両者は区別されている．

表4は「燃えよドラゴンズ！」各行の前半4μ小節に位置する歌詞全てを検討し，表3をもとに歌詞の文脈上，助詞付加が可能である内容語（e.g. わたし，あなた）と，それが不可能である内容語（e.g. しろい，うまい）とに分け，セッティングの方策を比較したものである．

---

[12] 歌詞の内容による偶然と思われるが，前半4μ小節には2μ助詞（e.g. まで，より，から，こそ）が生起していない．仮にそれらが生起した場合，「2μ内容語＋2μ助詞」（引伸しなし）によって小節が満たされるものと予想される．

	助詞付加（+1μ）	引伸し（+1μ）	合計
内容語 （助詞生起可）	280	4*	284
内容語 （助詞生起不可）	0	161	161
合計	280	165	445

表 4：4μ 小節内における 3μ 内容語のセッティング

文脈上，助詞付加が可能か不可能かの違いによって，セッティングに明確な非対称が見られる．助詞付加が可能な 3μ 内容語においてはモーラの伸長は見られず，もっぱら助詞付加という手段により 4μ 小節が満たされるのに対し，助詞付加が不可能な 3μ 内容語は義務的に 1μ 引伸しによりそれが満たされる．[13]

　(19) の球場名を例にすると，(19a) の第 1，2 小節に位置するともに 3 モーラ名詞の「ナゴヤ」と「ドーム」において，「ナゴヤ」は歌詞の上で（複合語の境界のため）助詞挿入が不可能な環境にあり，「ナ～ゴヤ」のように 1 モーラ引伸しによって小節が満たされる．それに対し，後半の「ドーム」は助詞の入る環境にあるため，1μ 助詞「に」の付加により小節が満たされている．また，球場が「ナゴヤ球場」(19b) と「中日球場」(19c) の年代の歌では，それぞれ同じ第 2 小節に位置する「きゅうじょう」（球場）が 4μ のため，ちょうど (18c) の第 2 小節と同様，助詞が省略されている．なお，(19c) の第 1 小節「ちゅーにち」（中日）は 4μ 語のため，そのままセッティングされる．[14]

---

[13] 3μ 内容語で，歌詞の文脈上，助詞付加が可能であるにもかかわらず，それが付加されず，1μ 伸長によって小節が満たされた 4 例（表 4）は，すべて「つばめ」という歌詞であった（e.g.「つ～ばめφ｜かわして｜こいつっ｜て」（ツバメかわして鯉釣って）．*「つばめを｜かわして｜こいつっ｜て」）．なぜこの 3μ 語が例外的なふるまいを見せるのかについては不明であり，偶然のものと思われる．

[14] 2021 年から同球場は，バンテリンドーム・ナゴヤに名称変更され，それに伴い最新の「燃えよドラゴンズ！」（2021 年 3 月）では，(19) の部分の歌詞が「たたかう｜ちゅうにち｜ゆめたか｜く」（戦う中日夢高く）のように大幅に変更された．これは，ファンの多くが予想したと思われる「*バンテリン｜ドームに｜つめかけ｜た」（バンテリンドームに詰めかけた）のような第 1 小節内の字余りを伴うパターンが一貫して忌避された結果であり，した

(19)　歌詞 1 番 3 行目

　　　♩ ♩ ♩ ♩｜♩ ♩ ♩ ♩｜♩ ♩ ♩ ♩｜♩

　　a.　ナ 〜 ゴ ヤ｜ド ー ム｜に｜つ め か け｜た
　　　　（ナゴヤドームに 詰めかけた）　　　　　　　　　[1998–2005]

　　b.　ナ 〜 ゴ ヤ｜きゅーじょー｜つ め か け｜た
　　　　（ナゴヤ球場 詰めかけた）　　　　　　　　　　[1977–1993]

　　c.　ちゅーにち｜きゅーじょー｜つ め か け｜た
　　　　（中日球場 詰めかけた）　　　　　　　　　　　[1974–1975]

3 モーラ内容語については，上記のセッティング方策が全体を通して一貫して行われてしている．したがって，本章の各例（図 1 のすべての前半第 1・2 小節）にも，例外なく適用されている．

4.　音韻論・形態論の諸概念との関わり

4.1.　短縮語形成：最小語条件と音韻句

　これまで分析した「燃えよドラゴンズ！」に見られる諸法則は，音韻論・形態論の一般的な概念と多くの面で関係している．まずは，語の形態的サイズとの関わりを見る．

　3.3 節の表 2 おいて，前半 4μ 小節に生起可能な内容語の長さは 2-4μ であり，基本的に 1μ そして 5μ 以上の内容語は生起不可能であることを示した．この点について具体例をもとに詳細に確認する．

　李鍾範（リ・ジョンボム）という選手は「燃えよドラゴンズ！」の 2 つの年代の曲において歌われている．[15] 姓の部分が 1μ のため，他の選手に対するセッティングとは異なり，(20a) のような単独形は生起しない．1μ 内容語の生起が (20b, c) のような 2 つの方法で回避され，(20b)（= (18c)）のように名前の部分，あるいは，(20c) のように特別な愛称が歌詞に充てられ，4μ 小節に合わせられている（この点において注 14 の歌詞変更と共通する）．

がって，3.3 節の方策を支持するものとなっている．

[15] 選手登録名は「リー・ジョンボム」のように名字が長音形となっているものの，じ さいは，多くの韓国・中国姓選手と同様，「リ選手」のように 1 モーラ形で呼ばれるのが一般的であった．

(20)　　♩ ♩ ♩ ♩｜ ♩ ♩ ♩ ♩ ♩ ｜ ♩ ♩ ♩ ♩ ♩ ｜ ♩
　　　a.　い ち ば ん｜*リ ～ ～ が｜る い に で｜て（李（ジョンボム））
　　　b.　い ち ば ん｜ **ジョンボム**｜る い に で｜て（（李）ジョンボム）
　　　　　　　　　　　　　　　　　　　　　　　　　　　［1998：2 番 1 行］
　　　c.　さ ん ば ん｜ **ジェーリー**｜タ イ ム リ｜ー（J. LEE）
　　　　　　　　　　　　　　　　　　　　　　　　　　　［2000：2 番 3 行］

引伸しは 1 μ のみ可能であり，2 μ 以上は不可能であることを示していると
ともに，最小語条件（minimal-word requirement）と関係する．最小語条件
とは，単独で生起可能な最も短い語のサイズに関する制約であり（Ito
(1990))，日本語では，とくに語形成の出力形の長さと関係する（e.g. チョ
コレート：チョコ（*チョ），ストライキ：スト（*ス)).

　また，前半 4 μ 小節に 5 モーラ以上の語が生起しないという事実は，音韻
句の作用域と関係する．ここまでの例でも示した通り，歌詞の選手名は（21）
のように，各行の第 2 小節に位置することが基本である（例に一貫性を持た
せるため，5 番打者の部分を中心に挙げているが，他の行についても同様の
ことが言える).

(21)　　♩ ♩ ♩ ♩ ♩｜ ♩ ♩ ♩　♩ ♩｜ ♩ ♩　♩ ♩ ♩｜ ♩ （3 番 1 行）
　　　a.　ご ～ ば ん｜ふ く ど　め｜うち　まく｜る（福留）［2005］
　　　b.　ご ～ ば ん｜た つ な　み｜ゆめ　をう｜つ（立浪）［2002］
　　　c.　ご ～ ば ん｜う ～ の　の｜だい　アー｜チ（宇野）［1987］

ところが，それが 5 μ 以上になると，(22) のように，前半 4 μ の位置には
生起せず，後半 5 μ 小節の方に置かれる．これは (21) との比較から明らか
な通り，意味や文脈上の理由からではなく，音韻的長さという要請による．

(22)　　♩ ♩ ♩ ♩ ♩｜ ♩ ♩ ♩ ♩ ｜ ♩ ♩ ♩ ♩ ♩ ｜ ♩
　　　a.　ご ～ ば ん｜き め る ぞ｜**アレック**｜**ス**（アレックス）
　　　　　　　　　*アレックス　　　　　　　　　　［2004：3 番 1 行］
　　　b.　ろ く ば ん｜つ づ く ぞ｜**アレック**｜**ス**（アレックス）
　　　　　　　　　*アレックス　　　　　　　　　　［2005：3 番 2 行］
　　　c.　で ば ん を｜い か せ よ｜**ステアー**｜**ズ**（ステアーズ）
　　　　　　　　　*ステアーズ　　　　　　　　　　［1993：6 番 2 行］

以上のことと表 3 の方策とをまとめると，前半小節には，2-4μ のサイズの
単位が生起することが分かる．これは，日本語における語形成の一般的なサ
イズと対応する（窪薗 (2010)）．[16] 例えば，短縮語の出力形は一般に 2-4μ の
サイズであり，それを超えると 2 単位（複合語）として処理される．2-4μ
の長さは，日本語の標準的な単語サイズであり，「燃えよドラゴンズ！」の
前半 2 小節は，語の選択にもそういった制限が見られるわけである．小節
がそのまま一般的な語の生起サイズと対応すると考えられる．

　このように考えると，日本語において 4 モーラが一般的な長さであるこ
とと，歌（そしてリズム現象）が 4 拍子を基本としていることとの間に，
けっして偶然ではない関係のあることが分かる．「燃えよドラゴンズ！」は
「4x + 1」定型を持ち，とくに前半 2 小節において，4 を満たすための一貫し
た調整を行なっていることが明らかになった．上記の調整方法がどの程度他
の曲と共通するのかの検証が今後の課題である．

4.2. フットと伸長

　ここまで分析したテキストセッティングは，フット（韻脚：foot）という
韻律単位とも関係する．Poser (1990) は，日本語の韻律基本単位の 1 つと
して，2 モーラ 1 単位（フット）を主張し，その証拠の 1 つとして，「に」
(2) や「ご」(5) などの 1 モーラ数字の 2 モーラへの伸長「に〜」，「ご〜」
を挙げている．これと同様のことが「燃えよドラゴンズ！」にも見られる．

　図 1 などでも確認したように「燃えよドラゴンズ！」は，歌詞の 2, 3 番
の 1-4 行目各第 1 小節で，打順の 1 番から 8 番が歌われる．(23a, b) はそ
れぞれ同曲（1988 年版）の歌詞の 2 番 (23a) と 3 番 (23b) であるが，各行
第 1 小節内の 4 つのスロットのうち，後半 2 つは「ばん」（番）で共通し，
冒頭の 2 つのスロットに各数字が入ることになる．

---

[16] 韓国語においては，2-4σ が通常の語のサイズという報告が，語形成・列挙句の調査
をもとにされている（権 (2021)）．

(23) 「燃えよドラゴンズ！」［1988］

    a. 2番 1-4 行（1，2 小節）   b. 3番 1-4 行（1，2 小節）

      ♩♩♩♩｜♩♩♩♩   ♩♩♩♩｜♩♩♩♩

      いちばん｜ひこのが   ご〜ばん｜う〜のの

      に〜ばん｜たつなみ   ろくばん｜とおるの

      さんばん｜ゲーリー   ななばん｜かわまた

      よ〜ばん｜おちあい   はちばん｜なかむら

「いち」（1）や「ろく」（6）などの2モーラ数字がそのまま各スロットに入るのに対し，上記の「に」（2），「ご」（5）などの1モーラ数字は2モーラに伸長し，2番目のスロットまで満たしている．序数詞形の「よ」（4）も同様に伸長し「よ〜」となる．小節の後半が固定されているため，このようなフットと同様の効果が現れるわけである．[17]

4.3.　オノマトペ韻律条件

　3.4 節の表3において，前半4μ小節に入る内容語の長さにより，セッティングの方策に非対称性が見られること，とくに内容語が3μの場合は，「助詞の挿入」，あるいは「1μ伸長」により小節を満たすのに対し，それが4μの場合は，助詞が付加されない形で満たすことを確認した．このことは，オノマトペの韻律条件と並行的である．

　那須（1995）は，オノマトペ語基に後続する「と」の付加の非対称性について報告している．語基が4μの場合は（24）のように「と」の付加が随意であるのに対し，それが3μの場合は（25）のように「と」の付加が義務的になる．

(24)　4μオノマトペ：「と」付加随意

    ころころ（φ／と）転がる．

    さらさら（φ／と）流れる．

---

[17] 前半4μ小節が半分（2＋2）に分かれる可能性もあるのではないかという疑問が生じるかもしれない．多くの小節においてそのような分割が見られるのは確かであるが，しかしながら，LHL（「ギャ.レッ.ト」，「ブ.ラン.コ」）などの4μ語も違和感なく当該小節に収まっており，4μを単位とする方が妥当である．小節内のさらなる分割については面白いテーマであり，詳細は今後の課題とする．

(25)　3μ オノマトペ：「と」付加義務
　　　ころり（*φ／と）転がる．
　　　さらり（*φ／と）流れる．

（25）における助詞付加の義務性は，4μ の韻律単位を満たすためのもので
ある．本章で分析した前半 4μ 小節のセッティングにおいても同様であり，
3μ 内容語において，助詞が付加できる環境にある場合は，それの付与に
よって 4μ を，また，助詞が付加できない環境にある場合は，内容語内の
モーラを伸張させることによって 4μ を満たす．とくに前者の方策において
（25）と共通性が見られるわけである．

4.4.　伸長位置と音節構造：リズム定型との関係（1）

　ここで，「燃えよドラゴンズ！」のテキストセッティングにおけるとくに
モーラ伸長に関わる規則を（26）にまとめ，音韻論・形態論の諸概念との関
係を論じる．まず，モーラ伸長は，前半 4μ 小節にしか見られず，また，入
力は 3μ(26①) あるいは 2μ(26②) の内容語に限られる（4μ 内容語には
伸長は起こらない．5μ となり 4μ 小節の枠を超えるためである）．関連し
て，3μ 内容語においては，空白スロットによって小節を満たすことはでき
ない．この点が定型詩の 7μ 句のセッティング（6a, b）と異なる点である．

(26)　モーラ伸長規則
　　　①休止スロットなしで小節内を 4μ で満たすため伸長
　　a.　｜な～ごや｜ドームに｜　　　　　　　　　［1998-2005：1 番 3 行］
　　（*｜φなごや｜ドームに｜, *｜なごや φ　｜ドームに｜）
　　b.　｜ふくおか｜ドームに｜(*｜ふ～くおか｜ドームに｜)
　　　　②1 小節内に 1μ のみ伸長可（2μ 以上の伸長禁止）
　　　｜た～おが｜（田尾（たお）が）　　　　　　　［1982：2 番 1 行］
　　　*｜た～お～｜
　　　　③文脈上助詞付加の可能な語への伸長生起禁止（助詞付加優先）
　　　｜あらきが｜(*｜あ～らき｜)（荒木）　　　　　［2005：2 番 1 行］
　　　　④ただし，③の遵守により①に抵触する場合，③の抵触可
　　　（① >> ③）
　　　｜た～おが｜(*｜φたおが｜, *｜たおが φ｜)

54

次に，生起位置について検討すると，伸長は 4μ 小節内の初頭，そして，とくに行の初頭（第 1 小節）に生起する．小節内の第 1 モーラ直後に引き伸ばしが位置する確率は 100%（263/263）であり，また，それが第 1 小節に生起する確率は 9 割近く（88%：232/263）であり，第 2 小節に生起する確率の1 割強（12%：31/263）よりはるかに高い（なお，図 2 で確認したように，字足らずによる伸長は，後半第 3，4 小節には生起しない）．

(27) 引伸しの位置
   ①小節内位置：第 1 モーラ直後（100%：263/263）
   ｜わ～かき｜エースだ｜（*わか～き，*わかき～）（若き）　　［1982］
   ｜ゆ～めは｜いまなか｜（*ゆめ～は，*ゆめは～）（夢は今中）［1991］
   ②行内位置：第 1 小節（88%：232/263）
         第 2 小節（12%：31/263）
         第 3，4 小節（0%：0/263）

伸長は，生起位置の予測が可能であり，行の冒頭に局所的に行われるということになる．このうち，語内の伸長位置（27 ①）については，野球声援(10b)「ね｜～｜お」（*ね｜お｜～）（根尾）と共通する．それとともに「4x＋1」形式の歌においても（統計的な検証については今後の課題とするが），以下に示すように（27）と同様の傾向が見られる．

(28) a. ｜ご～にん｜ばやしの　｜ふえだい｜こ
         （五人囃子の笛太鼓「うれしいひなまつり」）
    b. ｜ナ～イフ｜みたいに　｜とがって｜は
         （ナイフみたいに尖っては「ギザギザハートの子守唄」）
    c. ｜マ～ルチ｜メディアも｜そろって｜る
         （マルチメディアも揃ってる「ヨドバシカメラのうた」）

4.5. 「字余り」小節：リズム定型との関係（2）

　最後に，後半 5μ 小節のテキストセッティングと音韻形態現象との関係を示す．興味深いことに，「燃えよドラゴンズ！」の後半 5μ 小節のセッティングは「定型詩」と「野球声援」とのハイブリッド型の方策が採られている．
　歌詞が 5 モーラの場合には，「定型詩」5 モーラ句と同様の方策であり，

モーラ・音節構造にかかわらず各モーラが各スロットに揃えられる．具体例を（29）に示す（なお，第2-第3音符間にある境界線（｜）については直後に述べる）．

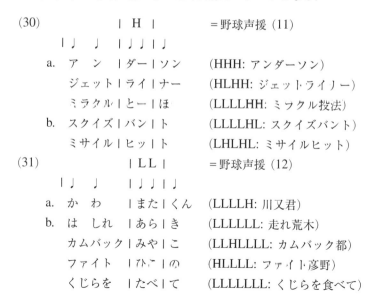

(29)　　｜♩♩｜♩♩♩｜♩

    a.　タイ｜ムリ｜ー （HLH: タイムリー）　　　　［1974他：2番3行］
    　　ホー｜ムラ｜ン （HLH: ホームラン）　　　　［1974他：2番4行］
    　　スラ｜ッガ｜ー （LHH: スラッガー）　　　　　［1975：2番4行］
    　　つち｜やく｜ん （LLLH: 土屋君）　　　　　　［1975：5番4行］
    b.　おが｜さわ｜ら （LLLLL: 小笠原）　　　　　［2002：4番3行］
    　　どー｜あげ｜だ （HLLL: 胴上げだ）　　　　　［1974他：8番4行］
    　　よだ｜つよ｜し （LLLLL: 与田剛）　　　　　［1991：4番1行］

これに対し，歌詞が5モーラを超える「字余り」の場合には，面白いことに，今度は野球声援のセッティングと類似の方策が採られる．第3小節の真ん中（上記2つ目，3つ目の音符の間）に境界線（｜）を入れ，5μ小節を3つのスロットに分割すると，「燃えよドラゴンズ！」のセッティングは，2.3.3節 (11)-(13) の野球声援とまったく同様のパターンとなる．

(30)　　　　　　　｜ H ｜　　　　　=野球声援 (11)
    ｜♩　♩　｜♩♩♩｜♩

    a.　アン　｜ダー｜ソン　　（HHH: アンダーソン）
    　　ジェット｜ライ｜ナー　（HLHH: ジェット・ライナー）
    　　ミラクル｜とー｜ほ　　（LLLLHH: ミラクル投法）
    b.　スクイズ｜バン｜ト　　（LLLLHL: スクイズバント）
    　　ミサイル｜ヒッ｜ト　　（LHHL: ミサイルヒット）

(31)　　　　　　　｜ LL ｜　　　　=野球声援 (12)
    ｜♩　♩　｜♩♩♩｜♩

    a.　か　わ　｜また｜くん　（LLLLH: 川又君）
    b.　は　しれ　｜あら｜き　　（LLLLL: 走れ荒木）
    　　カムバック｜みや｜こ　　（LLHLLL: カムバック都）
    　　ファイト　｜ひこ｜の　　（HLLL: ファイト彦野）
    　　くじらを　｜たべ｜て　　（LLLLLL: くじらを食べて）

(32)　　　　　｜H　L｜　　　　　＝ 野球声援 (13)

　　　｜♩｜♩♩｜♩　♩｜♩｜

　　a.　ヒット｜エンド｜ラン　　　（HLHLH: ヒットエンドラン）

　　b.　ソ　ン｜ドンヨ｜ル　　　　（HHLL: 宣銅烈）

　　　　いけよ｜おーに｜し　　　　（LLLHLL: 行けよ大西）

したがって，後半 5 μ 小節において歌詞が 6 μ 以上になると，行末（第 4 小節冒頭）が，モーラでなく一貫して音節によって揃えられる．このような末尾位置における音節量の中和は，川柳 5 モーラ句における字余りのテキストセッティング (3), (4) とも共通する．

　後半 5 μ 小節において歌詞が 6 μ 以上になる，いわゆる字余り小節のうち，末尾が重音節であるものは 45 例を数えた．(33) に示すように，そのほぼ全てにおいて，末尾重音節の左端が最終スロット（第 4 小節）の左端と揃っている（具体例は (30–32a) の通りである）．

(33)　後半 5 μ 小節における歌詞「字余り」と末尾重音節

　　　最終スロット左端と一致／末尾重音節

　　　＝ 93 %（42 / 45）

例えば，歌詞が同じく重音節「くん」（君）で終わる (29a)「つちやくん（土屋君）」と (31a)「かわまたくん（川又君）」にその違いが反映されている．前者は全体が 5 μ であるため音節構造にかかわらずモーラによるセッティングがされているのに対し，後者は 6 μ であり，末尾重音節が優先的に末尾スロット，つまり第 4 小節の左端に揃えられている．

　さらに，第 3 小節の後半（(30)-(32) においては真ん中のスロット）が，それぞれ H (30), LL (31), HL (32) の音節型によって揃えられている．そして残りの部分が全て第 3 小節前半（上記の最初のスロット）に揃えられている．つまり，スロット分割の見方を変えると，上記 (30)-(32) のテキストセッティングは，そのまま (11)-(13) と一致するわけである．

　このように，一見まったく別物のように見える，異なる現象におけるテキストセッティング間の方策にも，一般性の高い制約をもとに共通性を見出せることがわかる．とくに，鋳型に対して語句の分節単位の多い，いわゆる「字余り」においては，末尾が音節によって調整されるということが，いず

れの言語現象においても一貫して確認できる．

　ここで，「燃えよドラゴンズ！」の後半 5 μ 小節のセッティング方策をまとめると，前半 4 μ 小節と対照的な性質を併せ持つことが確認できる．

(34)　後半 5 μ 小節（4＋1）のセッティング方策
　　a.　引伸しは皆無：0/492 小節
　　b.　入力 5 μ 以上：5 μ 以上の歌詞はこの小節に入るよう選択
　　c.　最終スロット：音節あるいはモーラのレベルで 1 つ．入力モーラ数がスロット数を超えると音節による調整．

5.　音韻・形態現象とテキストセッティング

　本章で扱った「燃えよドラゴンズ！」のテキストセッティングと音韻論・形態論の諸概念との関係を提示する．おもな制約は（35）の通りである．

(35)　「燃えよドラゴンズ！」に関わる諸制約
　　a.　行の先頭・途中の休止禁止（No Lapse）
　　b.　引伸し禁止（Dep-μ）（助詞付加 & 後半小節）
　　c.　助詞削除禁止（Max-μ）
　　d.　小節両端と語・文節の両端とを揃える（Align-L/R）

いずれも，音韻論・形態論において一般性の高い制約であり，したがって，他の現象とも（部分的なものを含め）共通するものである．（35）をもとに「燃えよドラゴンズ！」と他の現象との異同を確認する．

　（35a）の No Lapse は，野球声援と共通する（野球声援においても 3 つのビートいずれも満たされなければならない）．声援型において優先度の高い，つまり，違反が許容されにくい制約と思われる．[18] それに対し，他の歌謡そして定型詩においては，部分的に違反が許容されている．「燃えよドラゴンズ！」を含む歌謡における上記の違いが，スタイル（「燃えよドラゴンズ！」の曲調）によるものか，入力の入れ替えを想定した形式に由来するものか検

---

[18] 最近の研究では，ロシア語の（弱強 2 ビートを基本とする）サッカー声援においても No Lapse は優先度の高い制約として作用することが報告されている（Konovalenko and Tanaka (2021)）．

討の余地があり，今後の課題としたい．

　(35b) の引伸し禁止については，一見すると本章の分析とは無関係と思われるかもしれない．しかしながら，引き伸ばす要請がなければ（すでにスロットが満たされている場合には）それは生起しない．そのような面において (35b) は関わり，(35d) が満たされない（長さが足りない）場合に (35b) の制約が破られ，引伸しが起こると考えられる．こういった制約間の優先順位は，野球声援や歌謡一般と共通するが，興味深い点として，定型詩においては，引伸しは起こりにくいようである（(35b) の制約が相対的に高い位置に置かれる）．このような，引伸しに対する現象間の非対称性の生じる理由の 1 つには，歌謡の場合は，音符の長さが比較的自由に変えられるのに対し，定型詩においては各スロットの長さは変わらない（等時性を持つ）ことが関係するように思われる．じっさい，「燃えよドラゴンズ！」を含め，歌謡の引き伸ばしの伴う歌詞に対しメロディーを省略して（詩のように）読むと，少なからず違和感を覚えることからもそのことは分かる．

　(35c) の調整は，他の歌謡や定型詩においても行われていることであるが，助詞を伴う環境にないため野球声援においては優先度が低い．また (35d) は定型を伴うすべての言語現象に関係するため，定型詩，定型歌謡，野球声援いずれにも関係する．

6.　むすび

　本章は，「燃えよドラゴンズ！」という「4x+1」の定型を持つ歌謡におけるテキストセッティングの分析を通して，音韻論・形態論の諸概念との関係を提示するとともに，歌謡・定型詩・野球声援など他の現象との共通性を示した．

　現象間の共通性としては，テキストにおけるリズム単位（モーラ・音節）の数がスロットを上回る「字余り」（テキスト・モーラ数＞スロット数）の場合，いずれの言語現象においても一貫して末尾位置の音節量中和によって調整されることを示した．反対に，言語側のリズム単位がスロット数を下回る場合（テキスト・モーラ数＜スロット数），とくに初頭位置のモーラ引伸しにより調整が行われやすいことを確認した．また，後半 5μ 小節におけるセッティングが，基本的には定型詩と同じくモーラを揃える方策である点で

共通し，ただし，6μ以上の「字余り」になると，今度は，野球声援の（字余り型の）セッティングと共通性の見られることを指摘した．

　本章の最後に，今後の課題について述べたい．まず，良いテキストセッティングとそうでないセッティングの峻別に関してである．これについては，生成・知覚両面からの検証が必要である．関連することであるが，「燃えよドラゴンズ！」のセッティング方策の一般性についても確認を進める必要がある．同曲において一般言語学的な概念と通ずるセッティングが行われていることは確かであるが，とくに他の歌謡（とくに「4x＋1」定型を持つ例）とどのような関係にあるのか検証する必要がある．本論においても指摘したように，他の「4x＋1」定型歌においては，初頭に休止が置かれる場合も少ないながらも存在し，いずれのセッティングがどの程度一般的なのか，また，選択基準について確かめる必要がある．このタイプの定型歌の蓄積によって，どのような制約が優先度の高いものか明確化する予定である．

　また，通言語的テキストセッティング方策の異同について，とくにリズム類型との関わりから検討する必要がある．テキストセッティングに関する研究は，個別言語においてとくに詩歌を中心に行われているが，通言語的，また声援型の短いセッティングについては，まだ十分な蓄積がない．[19] そのことと関連して，本章での分析に関係する現象間の，そして，言語間の関係について音韻理論から一般化を試みるのも，今後の課題である．例えば，Ito et al. (2019) は，上記の野球声援のセッティングについて最適性理論（OT）の枠組みから分析している．上記について，制約間のランキングという手段によって異同を理論的に提示することも，今後の課題としたい．

資　料

「燃えよドラゴンズ！」の歌詞（1974 年版に基づく：5 番—8 番）

5　a.　一発長打の XXX 君
　　b.　代打男の XXX 君
　　c.　スイッチヒッター XXX

---

[19] ロシア語のサッカー声援が，同言語の基本単位である強勢をもとに調整が行われている との報告がある（Konovalenko and Tanaka (2021)）．

   d. 期待のルーキー XXX 君
      （いいぞがんばれドラゴンズ 燃えよドラゴンズ！）

6 a. XXX コーチの <u>作戦に</u>
   b. XXX コーチの <u>ピストンサイン</u>
   c. XXX も XXX も <u>控えてる</u>
   d. 華麗な守備の XXX も
      （いいぞがんばれドラゴンズ 燃えよドラゴンズ！）

7 a. トラを殺して 優勝だ
   b. くじらを食べて 優勝だ
   c. そしてにっくき ジャイアンツ
   d. 息の根止めて 優勝だ
      （いいぞがんばれドラゴンズ 燃えよドラゴンズ！）

8 a. 僕もあなたも 願ってる
   b. いのる気持ちで 待っている
   c. それはひと言 優勝だ
   d. XXX 監督の 胴上げだ
      （がんばれ がんばれ ドラゴンズ 燃えよ ドラゴンズ！）
      （がんばれ がんばれ ドラゴンズ 燃えよ ドラゴンズ！）

第 3 章

音声，方言，そして演劇のインターフェイス
——バーナード・ショーによる『ピグマリオン』——[*]

1. はじめに

J. C. キャットフォード（J. C. Catford）による *A Practical Introduction to Phonetics*[1] は，1988 年の初版以来，演習問題に工夫が凝らされた入門書として世界各地の大学で音声学の教科書に指定されてきた．あらためてこの本を開いてみよう．自らの専門あるいは仕事が言語に直結する者いずれにも音声学は有用であると著者は早くも序章の冒頭において説くのであるが，我々が驚くまでもなく，そこではヘンリー・スウィート（Henry Sweet）によることばが援用されている（Catford (2001: 1-2)）．しかし，我々はスウィートの名前を挙げた後に著者が括弧付きで記すトリヴィアを今敢えて俎上に載せてみよう——「ショーによれば，［スウィート］の幾分かは『ピグマリオン』——今日ではミュージカル《マイ・フェア・レディ》[2] としてより広く知られていよう——におけるヒギンズ教授の原型（prototype）であった」（Catford (2001: 1)）．「ショー」とは，もちろん，19 世紀後期から 20 世紀中盤にかけてロンドンを拠点に劇作家・批評家・啓蒙家・政治運動家として活躍したバーナード・ショー（Bernard Shaw）を指している．『ピグマリオン』

---

[*] 本章は一部を日本学術振興会科学研究費（基盤研究 C）17K02299 に負っている．
[1] 『実践音声学入門』（竹林・設楽・内田 (2006)）として日本語に翻訳されている．本章での引用における翻訳は筆者によるものである．
[2] 本章は映画およびミュージカルの題名を《　》で括る．

62

(*Pygmalion: A Romance in Five Acts*)[3] はショーによる演劇作品のうちの
1つであり，ものがたりの鍵を握る登場人物が「ヒギンズ教授」，すなわち，
音声学者ヘンリー・ヒギンズ (Henry Higgins) である．

　あらすじを追う限り，『ピグマリオン』は比較的単純な演劇作品であると
いえよう．ロンドンのコヴェント・ガーデン (Covent Garden)（写真 1）と
設定された第 1 幕においてヒギンズは花を道端で売って生活するイライザ・
ドゥーリトル (Eliza Doolittle) と偶然に出会う．イライザはものがたりの
主人公であり，コックニー (Cockney) 方言話者である．花屋の店員となる
夢を抱くイライザは第 2 幕において発音のレッスンを受けようとロンドン
市内にあるヒギンズの家を訪ね，結局，公爵夫人を装うに足るまでヒギンズ
から話し方の訓練を受けることになる．デビュー予行演習における失敗，本
番での成功，そしてイライザとヒギンズとの仲たがいが第 3 幕と第 4 幕で
展開する．最終幕となる第 5 幕においてイライザはヒギンズと大議論を交
わし彼から離れていく．一方，『ピグマリオン』は緻密な演劇作品であると
もいえる．20 世紀初期における英語の話しことばをめぐる作者および社会
の認識が全幕に織り込まれているからである．本章において我々は音声，方
言，そして演劇がせめぎ合う場としての『ピグマリオン』を論じることとす
る．構成は以下のとおりである．

　第 2 節ではショー自身と音との関わりを紹介する．これが間接的あるい
は直接的に『ピグマリオン』と繋がるからである．ショーの活動範囲は超人
的なものであったが，数多くの政治集会で演説し討論に参加するなど，彼は
自ら音声を「実践」していた．また，我々はショーの音楽批評から彼が音を
聴く達人であったことを知る．ショーは体系としての音声に尋常ならざる興
味を持ち続け，著名な音声学者達とも交友を結んでいた．この節では特にス
ウィートおよびダニエル・ジョーンズ (Daniel Jones) がショーの執筆へ及
ぼした影響に触れる．

　第 3 節の目的はショーによる演劇作品を音声情報という観点から読み直
すことにある．上述した *A Practical Introduction to Phonetics* の読者に

[3] 最近の日本語訳として『ピグマリオン』（小田島 (2013)）があり，本章で言及する登場
人物と地名の表記はこれに倣っている．本章での引用における翻訳は筆者によるものであ
る．

とってショーは『ピグマリオン』の作者に過ぎないが，彼はコックニー方言
が顕在する演劇作品を幾つも執筆した．そのうち，我々は『カンディダ』
(*Candida: A Mystery*)（1897 年初演），『キャプテン・ブラスバウンドの改
宗』(*Captain Brassbound's Conversion: An Adventure*)（1900 年初演），
そして『ピグマリオン』を取り上げ，コックニー方言話者として登場する人
物達の台詞にみられる視覚方言（eye dialect）――音声に近づけた綴り――が
行き着く限界をめぐるショー自身の認識を振り返る．実世界のコックニー方
言と『ピグマリオン』その他とを対照させた先行研究も簡単に紹介する．さ
らに，英語の字母とは異なる種類の字母が『ピグマリオン』においてどの程
度まで言及され明示されるのかという点にも注目する．イライザ，彼女の台
詞，そして台詞に出現するコックニー方言がショーの創造による虚構の世界
でのみ存在することを我々は忘れてはならない．

　第 4 節ではイライザの立場および彼女を演じる役者の立場から音声を論
じる．コックニー方言を捨てていく過程とその結果をイライザ自身がどのよ
うに意識し自己評価しているかを纏める一方，上演においては役者の発する
音声がすなわちイライザの音声であることを具体例と共に確認する．

　第 5 節は補足であり，『ピグマリオン』をめぐる本章が触れなかった側面
をごく簡単に紹介する．

　ショーが 1912 年に執筆した（Shaw (1972b: 655)）『ピグマリオン』の初演
はウィーンにおいてドイツ語訳でなされ，英語での初演はロンドンにおいて
1914 年に実現した．1930 年代にはドイツ語版映画《ピグマリオン》（1935
年公開），オランダ語版映画《ピグマリオン》（1937 年公開），そして英語版
映画《ピグマリオン》（1938 年公開）が製作されている．いずれの作品も原
作者あるいは脚本家としてショーを掲げてはいるが，実際のところ『ピグマ
リオン』あるいはショーによる脚本を多かれ少なかれ改変したものである
(Dukore (1980a: 40-49, 59-88))．さらなる『ピグマリオン』の翻案として
ショーの死後 6 年を経た 1956 年にブロードウェイ・ミュージカル《マイ・
フェア・レディ》が世に出た．役者の台詞，つまり，旋律を伴わないことば
の比重が歌と踊りのそれを圧倒する《マイ・フェア・レディ》はその意味で
『ピグマリオン』を充分に継承したといえる．ミュージカルに基づき，ハリ
ウッド映画《マイ・フェア・レディ》（1964 年公開）も製作された．

　いくつもの種類で存在する『ピグマリオン』出版台本のうち，重要なもの

写真 1：コヴェント・ガーデンに面するセント・ポール教会（St Paul's Church）
　　　　のポーチコ（portico）（ショーは『ピグマリオン』において第 1 幕をこ
　　　　のポーチコと設定している（Shaw（1972b: 669）））［筆者撮影］

は 1916 年版と 1941 年版である．後者はショー自身による大がかりな改訂
版であり，自らが別に執筆した映画用の脚本からの数場面を加えた台本と
なっている（Dukore（1980b: 462-463），Shaw（1957: 4, 1972b: 655））．本章に
おいて『ピグマリオン』出版台本とは 1941 年版を指す．

2.　ショーと音との関わり

2.1.　実践としての音，体系としての音

　ショーは 20 歳になる 1876 年に生まれ育ったダブリンからロンドンへ移
住した（Holroyd（2011: 36））．数年後，「完全な自由」のもとに会員達が「政
治，宗教，そして性別」を議論する「ゼテティック協会」（The Zetetical
Society）へ入会したショーは，以降，街頭から公園からデモ集会に至るま
で場所と機会を求めては自らの話術を極めるべく励むことになった（Shaw

(1949: 93-105)，Shaw (1965: 35, 39-40))．さまざまな協会で経験を積んだ後，ショーは 1884 年に「フェビアン協会」(The Fabian Society) の会員となり，間もなくその執行委員会にも加わり，集会などにおける演説，討論，そして講演を 10 年間ほど怒涛の如くこなした (Alexander (2015: 232-235)，Carpenter (2009: 3-9)，Shaw (1949: 105))．公衆を面前に音声を実践したわけであるが，注意すべきは，彼が公衆の知らないところで全く別の側面から音声を捉え実践してもいた点である．当時を回想したショー自身の文章によれば，彼はあるオペラ歌手から「公衆に聴解させるために，話す者は，各子音を独立させて強く調音しながら，また，外国語の母音をイギリス英語の二重母音から区別させながら，字母を習得し直さなければならない」と伝授され，「歌手が音階を練習するように字母を練習した」(Shaw (1949: 104-105))．

　我々とショーとは通じるものがある．音声学徒は，まず，肺，気管，喉頭，声門と声帯，咽頭，口腔，口蓋，舌，歯，唇，下顎，鼻腔といった器官各々の位置，機能，そして互いの関係を可能な限り意識的に――自らの身体の一部として――把握しなければならず (Catford (2001: 11-58)，Hewlett and Beck (2006: 16-85)，Reetz and Jongman (2009: 9-90))，個別言語の音声を扱う教科書では，個々の母音と子音に始まり音の連鎖からイントネーションに至るまで，該当する言語の音を読者に体系として理解させるばかりでなく発声させるからである．

　フェビアン協会に関わる活動に追われていた時期，ショーは音楽，文芸，美術，そして演劇の批評執筆によって生活の糧を得ていた (Miller (2015: 127-134))．他人が実践する音声を聴くこと，それを楽音／音楽として評価すること，そしてその良し悪しを記事にすることによって彼は報酬を得たわけである．もちろん，声楽ばかりでなく器楽も批評の対象であった．例えば，ドヴォルザークのピアノ協奏曲ト短調を含む 1885 年 5 月の演奏会を評した記事のなかでショーはソリストがアメリカのピアノ製造会社による楽器を使用したことを挙げ，イギリス製のピアノは「音色の豊かさ」において劣ると風刺を込めて記している (Shaw (1981: 242))．また，彼の批評は公演・演奏会評の域を出て楽音／音楽にまつわる持論を展開する場ともなり得た．絶対音感について詳細に述べた 1889 年 5 月の記事 (Shaw (1981: 640-643)) が良い例である．

　もともと，ショーの母親ベシー (Bessie) と懇意であった音楽教師ジョー

ジ・ジョン・ヴァンドゥラー・リー (George John Vandeleur Lee) がダブ
リンのショー家に住み込んでオペラやオラトリオのリハーサルを実施してい
たことから，子供時代のショーは音符を介してではなく「耳から」自然に音
楽を受け入れていた (Shaw (1972a: 499-500, 1985: 356-359))．一方，リーは
「声をつぶさず」に歌い続けるための「メソッド」を声楽家であったベシーへ
伝授した (Shaw (1972a: 500))．このメソッドの信奉者となったベシーはリー
を追ってロンドンへ移住したが，そしてショーはのちに母親を頼って同様の
行動に出るのであるが，彼女はロンドンが堕落させたリーを見限って彼のメ
ソッドを実践する声楽教師として生計を立て始めた (Shaw (1972a: 501, 1985:
358))．ショーの伝記という観点から『ピグマリオン』を解釈する者にとっ
て，イライザの一部分はベシーであり，ヒギンズの一部分はリーである
(Holroyd (2011: 437-438))．『ピグマリオン』最終幕におけるイライザとヒギ
ンズとの大議論から，体系および実践としての音声を 2 人が各々の立場で
盾に取らんとする瞬間に我々は注目しよう：

(1)　LIZA.[4] … I'll go and be a teacher.

　　　HIGGINS.　Whatll [sic] you teach, in heaven's name?

　　　LIZA.　What you taught me. I'll teach phonetics.

　　　HIGGINS.　Ha! ha! ha!

　　　LIZA.　I'll offer myself as an assistant to that hairy-faced Hun-
　　　　　　garian.

　　　HIGGINS.　(*rising in a fury*)　What!　That imposter! that hum-
　　　　　　bug! that toadying ignoramus!　Teach him my methods! my
　　　　　　discoveries!　You take one step in his direction and I'll wring
　　　　　　your neck. (*He lays hands on her.*) Do you hear?

　　　LIZA.　(*defiantly non-resistant*)　Wring away.　What do I care?　I

---

[4] 『ピグマリオン』出版台本の配役表は "Eliza" と表記しており (Shaw (1972b: 655))，
ト書きなどにおいて作者がこの登場人物に言及する際の表記も同様である．一方，第 2 幕
においてヒギンズから名前を尋ねられたイライザは「ライザ」(Liza) と自身を呼ぶ (Shaw
(1972b: 689))．語頭母音脱落 (aphesis) はコックニー方言によくみられる現象である
(Saxe (1936: 63))．もっとも，イライザの父親はやはりコックニー方言話者でありながら
娘に "Eliza" と呼びかける (Shaw (1972b: 771))．

knew youd [sic] strike me some day.

(Shaw (1972b: 780))［下線は筆者による追加］

「音声学」という語・概念が「メソッド」（ここでは複数形）という語・概念
に呼応していることがわかる．

　若きショーはといえば，母親が居なくなったダブリンの自宅で音楽に飢
え，譜読みを独学しピアノを独習していた (Holroyd (2011: 31-32))．ロンド
ンへ移住した後，彼はリーの主催になる音楽の集いで伴奏者としてピアノを
弾く日々を送ったのである (Shaw (1985: 358-359))．『ピグマリオン』第3幕
においてヒギンズとピカリング大佐 (Colonel Pickering) がヒギンズの母親
であるミセス・ヒギンズ (Mrs Higgins) へ向かってイライザの「まさに非
凡な耳の良さ」("the most extraordinary quickness of ear") について同時
にまくし立てるところがある (Shaw (1972b: 735-736))．ヒギンズの家に滞
在しているピカリングは自身も音声学に精通していながら他人を顧みないヒ
ギンズとは対照的な性格の持ち主であり，ものがたり全般においてイライザ
を見守る役目を負っている．彼は一度聴いた楽曲をピアノで再現するイライ
ザの能力に言及する：

(2)　PICKERING. I assure you, my dear Mrs Higgins, that girl … is
　　　a genius. She can play the piano quite beautifully. … We have
　　　taken her to classical concerts and to music … halls; and it's
　　　all the same to her: she plays everything … she hears right off
　　　when she comes home, whether it's … Beethoven and Brahms
　　　or Lehar and Lionel Monckton; … though six months ago, she'd
　　　never as much as touched a piano—　(Shaw (1972b: 735-736))

一方，ヒギンズはイライザの「耳の良さ」を音声という側面から評価する
——イライザに「人間の発し得るいかなる種類の音声」("every . . . possible
sort of sound that a human being can make") を聴かせても彼女は「即座に」
それを真似ることができるとヒギンズは言う (Shaw (1972b: 735-736))．音
声学の教科書を手にする今日の我々が考える以上に楽音／音楽と音声は
ショーにとって切り離しがたいものであることが窺える．

　なお，ミュージカルおよびハリウッド映画《マイ・フェア・レディ》では

68

イライザのそういった能力に言及する登場人物がいないため，観客は彼女を
あくまでも音声訓練で苦労する努力の人とみなすことになる．

2.2. ショーとスウィート

　前節においてスウィートの一部分がヒギンズの元となっているという
キャットフォードによることばを紹介した．ショーは『ピグマリオン』出版
台本への序文においてヒギンズを「スウィートの生き写しではない」としつ
つ「［読めば］明らかとなるように，この演劇作品にはスウィート的なもの
がある」とも述べている（Shaw (1972b: 662-663)）．それでは，スウィートお
よび彼の業績をショーはどのように評価していたのであろうか．

　ショーをスウィートに紹介した鍵盤楽器の調律法に造詣の深い人物がゼテ
ティック協会の会員であったこと，スウィートに言及する際のショーの論点
が英語の正書法（綴り字）の改革，音声表記，そして速記法にあったこと，
また，ショーにとって英語の正書法の改革への試みは「社会主義」運動の一
環であったこと（Shaw (1971: 423-424, 1972a: 484, 896-897, 1972b: 661-662)）
に我々は注意しなければならない．この改革を支持していた詩人ロバート・
ブリッジズ（Robert Bridges）へ宛てた 1910 年 2 月の手紙においてショー
は改革を主張する理由の 1 つを次のとおり説明している──「読書量の多い，
しかし，自らの階級にあっては読んでいる語が実際に発音されるところを耳
にする機会のない労働者達」が綴り字にしたがって語を発音し，「嘆かわし
い速さ」でそちらが「標準的な」（standard）発音となり，「正統的な」（or-
thodox）発音は，例えば，ロンドンの辻馬車の御者に通じなくなる（Shaw
(1972a: 895-897)）．ショーはスウィートの助けを欲したのであるが，この音
声学者は日々学界と世間を敵に回しており，いっときはショーのお膳立てに
よって著名な雑誌に「英語を学び易くするためばかりでなく，それが方言へ
分化し尽くした結果・・・［互いに］外国語も同然となることを防ぐための
音声学の重要性」に関する記事を寄稿する段取りとなったものの自らそれを
反故とし，結局，ショーは「専門家にしか読まれない本を書く者として以外
に取り柄がない」などといくばくかの愛情を込めて彼を風刺するしかなかっ
た（Shaw (1972a: 897, 1972b: 659-661)）．

　反面，ショーにあっては風刺とそうでないものとの境界がはっきり引かれ
ていたわけでは必ずしもない．スウィートによる著書を「専門家にしか読ま

れない」としつつショーはそのうちの何冊かを自身の著作において読者に紹介している．例えば，彼は『キャプテン・ブラスバウンドの改宗』出版台本への注記のなかで「[英語の話しことば] に関する最も手に取り易い標準的な著作」として *A Primer of Spoken English* を推奨し (Shaw (1971: 423-424))，『ピグマリオン』出版台本の序文においてはスウィートが速記で葉書をしたためていたという逸話と共に「クラレンドン・プレスから出版されている 4 シリング 6 ペンスの [速記] 教則本」に言及する (Shaw (1972b: 661))．ショーが敢えて題名を挙げないこのスウィートによる著書は *A Manual of Current Shorthand, Orthographic and Phonetic* (Sweet (1892a)) である．翻って，我々はスウィートが執筆した別の音声学入門書 *The Sounds of English: An Introduction to Phonetics* の半ばに「音声学」と「発声法」(voice-production) との重なりを見いだす：

(3)　Phonetics in a wider sense is something more than the science of speech-sounds and the art of pronunciation. It includes also voice-production; which, again, is the foundation of elocution and singing. ... The essential difference between phonetics in the narrower sense of the word and voice-production is that the former aims only at correctness of pronunciation, while the latter is concerned mainly with the quality of the voice. ... In one respect, however, phonetics really works hand in hand with elocution, and that is in developing distinctness of articulation. ... Distinctness of pronunciation is ... the common property of phonetics and elocution.

(Sweet (1910: 76-77))

まるで，音声をショーはどのように捉えていたのかという我々の問いにスウィートが答えたかの如きである．

2.3.　ショーとジョーンズ

　ベヴァリー・コリンズ (Beverley Collins) は 1987 年に「ヘンリー・スウィート協会」(The Henry Sweet Society for the History of Linguistic Ideas) 会誌へ寄稿し，『ピグマリオン』出版台本の序文においてショーが全く言及しないジョーンズはスウィートよりもヒギンズに近いと指摘した．そ

れまで未発掘であった資料がこの記事において提示されたわけではない．ショーとジョーンズを直接に知っていた人々による証言のうちすでに公けとなっていたものをコリンズは繋げ，自らの推測をそれに加え，ショーの『ピグマリオン』執筆に際してジョーンズが「アドヴァイザー的な役目」を果たしたと結論づけたのである（Collins (1987: 2-7)）．ショーがあたかもジョーンズの業績について何も知らないかのように振舞った理由をめぐるコリンズの推測は本節で取り上げるに及ばない．『ピグマリオン』におけるヒギンズの部屋がロンドン大学のユニヴァーシティ・コレッジ（University College）で 1913 年までジョーンズに与えられていた研究室を彷彿とさせたに違いないとするコリンズの推測に我々はより興味をそそられる（Collins (1987: 4)）．コリンズが引用している『ピグマリオン』第 2 幕の冒頭にあるト書きの一部を我々も出版台本で確認しよう．作品は第 2 幕をウィンポール・ストリート（Wimpole Street）（写真 2）にあるヒギンズの家の「本来は居間であるはず」の「実験室」（laboratory）と設定している（Shaw (1972b: 684)）：

(4)　The double doors are in the middle of the back wall; and persons entering find in the corner to their right two tall file cabinets at right angles to one another against the walls.　In this corner stands a flat writing-table, on which are a phonograph, a laryngo-scope, a row of tiny organ pipes with a bellows, a set of lamp chimneys for singing flames with burners attached to a gas plug in the wall by an indiarubber tube, several tuning-forks of different sizes, a life-size image of half a human head, shewing in section the vocal organs, and a box containing a supply of wax cylinders for the phonograph.

　　　　　　　　　　　　　　　　　　　　　　　（Shaw (1972b: 684)）

コリンズの推測にしたがうならば，このト書きにおいて「パイプオルガンの音管」と呼ばれているものはパリ大学音声学科が 1912 年にジョーンズの研究室へ贈呈した「母音シンセサイザーのごく初期の型」を意味する（Collins (1987: 4)）．また，蠟管を用いた蓄音機は音の収集に従事した 20 世紀初期の研究者にとって主要な録音用機材であったこと（Kursell (2012: 187-191)）を我々は思い出す必要がある．ショーが『ピグマリオン』の執筆以前にユニヴァーシティ・コレッジ音声学科を訪れていたとするコリンズの根拠は

写真2：ウィンポール・ストリート（ショーは『ピグマリオン』においてヒギンズ
　　　の家がウィンポール・ストリートにあるとしている）[筆者撮影]

　ジョーンズからいろいろな話を聞いた学科の元学生が1978年にオブザー
バー紙（*The Observer*）へ送った投書にある（Collins（1987: 4））．しかし，
我々にはその投書（Fuller（1978: 6））からショーによる訪問の具体的な様子
を窺い知ることはできない．

　ショーには出版台本のト書きで作品各幕をかなり詳細に設定する習慣が
あった．ヒギンズの実験室にそれ相応の真実味があるならば，この空間に生
きる登場人物達は小道具——特に機材や標本——をどのように扱うのであろ
うか．上に引用したト書きの続きにはピカリングが「使っていたカード幾枚
かと音叉を［机に］戻すところである」（Shaw（1972b: 685））という記述がみ
られる．ヒギンズとピカリングとの対話が始まって間もなく，家政婦のミセ
ス・ピアス（Mrs Pearce）が登場し「若い女性」——イライザのことであると
のちに判明する——がヒギンズに会いたいと言っているがなかへ通したもの
かと尋ねる（Shaw（1972b: 686））．ミセス・ピアスとヒギンズとの対話およ
びそこに挿入されるト書きをみよう：

72

(5)　MRS PEARCE.　... I should have sent her away, only I thought
perhaps you wanted her to talk into your machines. I hope Ive
[sic] not done wrong; but really you see such queer people
sometimes—youll [sic] excuse me, I'm sure, sir—

HIGGINS.　Oh, thats [sic] all right, Mrs Pearce. Has she an in-
teresting accent?

MRS PEARCE.　Oh, something dreadful, sir, really. I dont [sic]
know how you can take an interest in it.

HIGGINS.　(*to Pickering*)　Lets [sic] have her up. Shew her up,
Mrs Pearce (*he rushes across to his working table and picks
out a cylinder to use on the phonograph.*)

(Shaw（1972b: 686））［下線は筆者による追加］

ミセス・ピアスによる引用下線部の発言は彼女がヒギンズという人物を熟知
しているからこそのものである．果たしてヒギンズは蓄音機のための蠟管を
いそいそと用意するのであるが，「若い女性」が通されると，前日の晩にコ
ヴェント・ガーデンで出会った花売り娘が彼女であることに彼は気づく：

(6)　HIGGINS.　... Why, this is the girl I jotted down last night. She's
no use: Ive [sic] got all the records I want of the Lisson Grove
lingo; and I'm not going to waste another cylinder on it. (*To
the girl*) Be off with you: I dont [sic] want you.

(Shaw（1972b: 687））［下線は筆者による追加］

第1幕においてヒギンズは花売り娘の発する音声から彼女がロンドンの一
地区リッスン・グローヴで生まれたことを正しく当てた（Shaw（1972b:
675））．リッスン・グローヴ出身者の音声特徴に関するデータ収集をすでに
終えていた彼にとって，第2幕で実験室へ入ってきた「若い女性」は蠟管1
本と比べても存在価値に乏しいのである．しかし，注意すべきは，ヒギンズ
が蠟管を「無駄にしたくない」と言い切って以降，第2幕の最後まで出版台
本がト書きにおいても登場人物の台詞においても機材あるいは標本に全く言
及しない点である．やはり設定がヒギンズの実験室となっている『ピグマリ
オン』第4幕においてもト書きと台詞が音声関係の小道具に言及することは

一切ない．つまり，第2幕の冒頭でト書きが紹介する機材や標本の多くは
登場人物達の生きる空間が実験室にふさわしくあるべくそこに「置かれた」
小道具である．作品で展開されるものがたりは，第2幕の始まりを例外と
して，登場人物達に機材や標本を使った実験や提示をさせないのである．必
要な実験と提示は全て幕と幕との間で，言い換えれば，ものがたりの「裏側」
で行われていることになる．最終幕におけるイライザの台詞は「裏側」の充
実ぶりを示唆している：

(7)　HIGGINS.　... I have learnt something from your idiotic notions:
　　　I confess that humbly and gratefully. And I have grown accus-
　　　tomed to your voice and appearance. I like them, rather.
　　　LIZA. Well, you have both of them on your gramophone and in
　　　your book of photographs. When you feel lonely without me,
　　　you can turn the machine on. It's got no feelings to hurt.

(Shaw (1972b: 775))［下線は筆者による追加］

引用下線部への布石はミセス・ヒギンズの家の居間と設定された第3幕に
ある——ミセス・ヒギンズはイライザの音声訓練の進捗が録音と写真でヒギ
ンズの実験室に保存されていることをピカリングから知らされるのである
(Shaw (1972b: 735))．

　英語版映画《ピグマリオン》およびハリウッド映画《マイ・フェア・レ
ディ》では「裏側」で行われるべきことが表側に出てくる (Asquith and How-
ard (1938), Cukor (1964))．ヒギンズは機材を用いながらイライザに音声訓
練をほどこし，『ピグマリオン』とは異なるものがたりの決着において彼は
イライザの音声を蓄音機で再生する．また，《ピグマリオン》のなかではイ
ライザの音声の録音が記録として貯まりつつあることが倍速で示され，《マ
イ・フェア・レディ》ではイライザの口の形や頭の位置を映した写真が実験
室の壁を埋める．ものがたりの設定を1930年代へ移した《ピグマリオン》
に出てくる機材は当然のことながら『ピグマリオン』のそれよりも進化して
いるのであるが，いずれにせよ，『ピグマリオン』において有機的な動きに
乏しいヒギンズの実験室は《ピグマリオン》と《マイ・フェア・レディ》の
なかで実験室本来の姿へ近づいている．

3. ショーによる演劇作品と音声情報

3.1. 「現代もの」とコックニー方言

　ショーは「現代もの」を数多く残した．ものがたりの時代を作品が執筆された頃と設定した演劇作品群のことであり，もちろん，『ピグマリオン』はこれに属する．劇作家としてショーが活動し始めた 1890 年代のヨーロッパ大陸ではヘンリック・イプセン（Henrik Johan Ibsen）が彼にとって最後となる演劇作品のいくつかを，また，アントン・チェーホフ（Anton Pavlovich Chekhov）がのちに彼の代表作とみなされることになる演劇作品群を生み出していた．すでにそれ以前，文芸・演劇批評家としてのショーはイプセンを高く評価してもいた（Shaw（1958: 23-176））．しかし，演劇史の枠組みにおけるリアリズムおよび自然主義をあらためて振り返る我々は，イプセンやチェーホフによる演劇作品がそのかなめに位置づけられている反面，ショーによる初期の「現代もの」がしばしば言及すらされないことに気づく．前節で我々が分析したヒギンズの実験室はリアリズムへ寄り添った空間の例であるが，確かに，ショーの「現代もの」――初期の作品に限らず，『ピグマリオン』なども含む――における登場人物達の台詞は空間との融合性に欠くきらいがある．本節において我々は台詞と空間にまつわる諸問題をひとまず関心の対象から外し，「現代もの」をより純粋に台詞とト書きの集合体と捉えることとする．

　本章は「コックニー方言」という用語をすでに何度か用いてきた．『オックスフォード英語辞典』（*The Oxford English Dictionary*）は "cockney" を項目として 2 つ掲載しており，名詞と形容詞を扱う 1 番目の項目のなかで名詞に 6 つの語義を与えている（"cockney, n. and adj."（2019））．そのうち，4 番目の「しばしば大文字の頭文字で」表される「特化」した語義（"cockney, n. and adj."（2019））が我々に関連するものである．この語義は a と b とに分かれている：

　　(8) a.　A native of London, *esp.* a working-class person from the East
　　　　　　End of London; (traditionally) a person born within earshot of
　　　　　　the sound of Bow Bells (the bells of St Mary-le-Bow church

in Cheapside in the City of London.)

("cockney, n. and adj." (2019))［下線は筆者による追加］

b.　The dialect or accent typical of London Cockneys.

("cockney, n. and adj." (2019))

もっとも，上記 a における初発の用例は 1571 年のものである（"cockney, n. and adj." (2019)）．過去 450 年間に都市としてのロンドンおよびそこで生まれ暮らし働く人々が辿った変化を考えれば，「コックニー方言」とその話者の定義づけは実際のところ易しくあるまい．例えば，スーザン・フォックス (Susan Fox) は *The New Cockney: New Ethnicities and Adolescent Speech in the Traditional East End of London* のなかで「イースト・エンド」という名称が地理上の何処を指してきたかについて歴史的に振り返っている(Fox (2015: 5-8))．その説明に照らすならば，『ピグマリオン』のイライザが生まれたリッスン・グローヴ地区は常にイースト・エンドという括りの外にあり続けたことになり，我々がイライザを筋金入りのコックニーとみなすことも難しくなる．そもそもリッスン・グローヴはヒギンズの住むウィンポール・ストリートよりも西に位置している．つまり，マクロな視点ではコックニーをコックニーたらしめる地理的および社会階級的な条件が浮かび上がらないのである．ミクロな視点に徹するヒギンズのような音声学者が必要となる．『ピグマリオン』第 3 幕においてヒギンズの教え子であるネポマック (Nepommuck) は「まったく，お題目がコックニー方言となると先生には手がつけられませんね」("Oh, maestro, maestro, you are mad on the subject of cockney dialects") (Shaw (1972b: 743)) と師をからかうのであるが．

　ショーは時として視覚方言を用いる――台詞を音声に近づけて綴る．多くの場合，その意図はコックニー方言にみる音声特徴を出版台本の読者へ明示することにある．また，本節においては分析しないが，コックニー方言の音韻，形態，統語，そして意味的側面もショーの台詞から読み取れる．登場人物としてのコックニー方言話者はショーの「現代もの」においてさほど珍しい存在ではない．一方，ショーが彼ら彼女らの音声に個性と柔軟性を与えている点に我々は注意しなければならない．話者が誰であるかによって，誰と対話しているかによって，さらに，綴りをめぐるショーの方針によってコックニー方言の音声特徴は作品内で変化し，もちろん，作品ごとに変化する．

3.1.1. 『カンディダ』と『キャプテン・ブラスバウンドの改宗』

　例えば，ロンドン東部の牧師館でものがたりが展開する『カンディダ』を
みよう．主人公カンディダ・モレル（Candida Morell）の父親であるバー
ジェス氏（Mr Burgess）は自らが発するコックニー方言の音声を対話の相手
と状況に応じて調節する．第1幕でバージェスが初めて登場するくだりが
以下である：

(9)　BURGESS. (*stopping on the threshold, and looking around*)
　　　They told me Mr Morell was here.
　　　PROSERPINE. (*rising*)　I'll fetch him for you.
　　　BURGESS. (*staring disappointedly at her*)　Youre [sic] not the
　　　same young lady as <u>hused</u> to typewrite for him?
　　　PROSERPINE.　No.
　　　BURGESS. (*grumbling on his way to the hearthrug*)　No: she
　　　was young-er. (*Miss Garnett stares at him; then goes out,
　　　slamming the door.*) <u>Startin</u> on your rounds, Mr Mill?
　　　LEXY. (*folding his memorandum and pocketing it*)　Yes: I must
　　　be off presently.
　　　BURGESS. (*momentously*)　Dont [sic] let me detain you, Mr
　　　Mill. What I come about is p r i v a t e [sic] between me and
　　　Mr Morell.
　　　LEXY. (*huffily*)　I have no intention of intruding, I am sure, Mr
　　　Burgess.　G o o d [sic] morning.
　　　BURGESS. (*patronizingly*)　Oh, good morning to you.
　　　Morell returns as Lexy is making for the door.

　　　　　　　　　　　　(Shaw（1970: 525-526））［下線は筆者による追加］

ミス・プロザパイン・ガーネット（Miss Proserpine Garnett）は秘書であり，
レクシーと呼ばれるアレクサンダー・ミル（The Reverend Alexander Mill）
は助任牧師である．下線部 "hused" と "[s]tartin" を除き，バージェスの台
詞にコックニー方言の音声を示唆する綴りはない．しかし，プロザパインと
レクシーが退場するやいなや，以下の引用下線部にみるとおり，バージェス
は自らの方言を強調し始める：

(10)　BURGESS.　Spoilin your korates as usu'l, James.　Good mornin.
　　　　　When I pay a man, an' 'is livin depens on me, I keep him in 'is
　　　　　place.
　　　MORELL.　(*rather shortly*)　I always keep my curates in their
　　　　　places as my helpers and comrades.

(Shaw (1970: 526))〔下線は筆者による追加〕

　ジェイムズ・モレル（The Reverend James Mavor Morell）は牧師であり，バージェスにとっては義理の息子でもある．上に引用した対話を皮切りとして2人はしばらく議論を交わすのであるが，その間，コックニー方言の音声を示唆する綴りがバージェスの台詞に頻発する．ちなみに，カンディダが発する台詞の綴りにそのような音声情報はない．
　(9) にみる "hused" は語頭に /h/ が付加された used である．ジョゼフ・サックス（Joseph Saxe）は1936年に刊行された *Bernard Shaw's Phonetics: A Comparative Study of Cockney Sound-Changes* のなかで H の脱落とは逆となるこの現象を——「昔も今も」コックニー方言の典型であるとしつつ——ロンドンの「充分な教育を受けていない社会階級」に特有なことというわけではないと指摘する (Saxe (1936: 47)).[5] (9) と (10) では，"mornin" のように，語末が /ŋ/ ではなく /n/ となる現象（Saxe (1936: 48)）がいくつかみられる．(10) に出てくる "korates" は curates の強音節から /j/ が脱落したものであり，サックスもこの語に言及している (Saxe (1936: 49))．一方，彼が以下のとおり説明する現象は (10) における "usu'l" での弱音節に当てはまる（引用下線部は /ʒ/ を意味すると推測される）．

(11)　In weak syllables the loss of [j] is no isolated phenomenon, partly
　　　　because the neighbouring [u][6] sound is usually weakened into an
　　　　[ə] or lost altogether, and partly because original [j], in modern
　　　　StE [Standard English] pr. [pronunciation], is generally disguised

---

[5] Saxe (1936) における音声記号はすべて [ ] で括られているが，本節では必要に応じて / / も使用する．
[6] [ʊ] を意味すると推測される．

78

by the process of sibilation.

(Saxe（1936: 49））［下線は筆者による追加］

　また，「語末，時としてその前の位置において，子音の後に来る子音が脱落すること」という意味での語末音脱落（apocope）の例としてサックスは(10) にみる “depens” ——つまり，この語は depends である——を挙げ，同時に，この現象がショーによる別の演劇作品でのアイルランド方言にも現れていると指摘する (Saxe（1936: 52-53)).

　ものがたりをモロッコと設定した『キャプテン・ブラスバウンドの改宗』に登場するフィーリックス・ドリンクウォーター (Felix Drinkwater) もやはりコックニー方言話者である．出版台本への作者自身の注記によれば，ドリンクウォーターの台詞は英語の字母という枠組みが許す限り音声に近く綴られており，その意図はロンドン以外の——時代遅れとなったコックニー方言に凝り固まっている——読者を「今現在」のコックニー方言へと導くことにある (Shaw（1971: 422-26)).　実際のところドリンクウォーターの台詞を文字で追う我々に課せられた負担は小さくない．以下の対話が第 1 幕の始まりである:

(12)　THE MAN [DRINKWATER]. Awtenoon, Mr Renkin. (*The missionary sits up quickly, and turns, resigning himself dutifully to the interruption.*) Yr honor's eolth.

RANKIN. (*reservedly*)　Good afternoon, Mr Drinkwotter.

DRINKWATER.　Youre [sic] not best pleased to be hinterrapted in yr bit o gawdnin baw the lawk o me, gavner.

RANKIN.　A missionary knows nothing of leks of that soart, or of disleks either, Mr Drinkwotter.　What can I do for ye?

DRINKWATER. (*heartily*)　Nathink, gavner.　Awve bror noos fer yer.

RANKIN.　Well, sit ye doon.

(Shaw（1971: 323)）［下線は筆者による追加］

ショーがドリンクウォーターの台詞を音声に近づけて綴るにあたっての基準，つまり，方式と体系が出版台本において「不完全」(Shaw:（1971: 322))

な形でしか示されていないことが我々にとって最大の難点である．ショーは第1幕の冒頭のト書きにおいてそれを認めている――ドリンクウォーターが発する音声を「音声字母の助けなくして」正確に記すことはできないと彼は述べるのである（Shaw（1971: 322））．言い換えれば，台詞がドリンクウォーターのものである限り，引用下線部以外の音声もショーは正確に記していないことになる．

　（12）の下線部を解読してみよう．"Awtenoon" > "Afternoon"，"Renkin" > "Rankin"，"Yr" > "Your"，"eolth" > "health"，"hinterrapted" > "interrupted"，（yr > "your"），"o" > "of"，"gawdnin" > "gardening"，"baw" > "by"，"lawk" > "like"，（"o" > "of"），"gavner" > "governor"，"Nathink" > "Nothing"，（"gavner" > "governor"），"Awve" > "I've"，"bror" > "brought"，"noos" > "news"，"fer" > "for"，そして "yer" > "you" となるはずである．これらの音現象のうち子音に着目するならば，"[a]wtenoon" は afternoon から /f/ が脱落したものであり（Saxe（1936: 52）），"[n]athink" は nothing の語末に現れる /ŋ/ に /k/ を付加したものである（Saxe（1936: 48））．また，ショーはしばしば /ɔː/ を "or" と綴る（Saxe（1936: 35））ため，"bror noos" については "bror" が /brɔː/ と発音されるという前提で考えることができる．逆行（retrogressive）の同化（assimilation）（Saxe（1936: 54））が調音位置を共有する brought の語末 /t/ と news の語頭 /n/ との間で起き，/t/ が /n/ に置換され，その /n/ が結果的に脱落したと推測されよう．逆行同化はコックニー方言に特有な現象ではない（Saxe（1936: 54））．

　なお，ショーはドリンクウォーターと対話するレズリー・ランキン（Leslie Rankin）の台詞にも音声に近い綴りを与えており，これはスコットランド方言を「ざっくり」と示唆したものである（Shaw（1971: 426））．

3.1.2.　『ピグマリオン』

　登場人物にコックニー方言話者が含まれているという点で『ピグマリオン』はショーによる「現代もの」の1つに過ぎない．この作品の出版台本は，むしろ，コックニー方言を強調しない傾向にあるとさえいえよう．『カンディダ』や『キャプテン・ブラスバウンドの改宗』におけるコックニー方言話者達の台詞とは異なり，イライザ，彼女の父親であるアルフレッド・ドゥーリトル（Alfred Doolittle），そして端役で登場するコックニー方言話者達の台

詞が原則として音声に近づけて綴られていないからである．出版台本を読む
我々は台詞におけるコックニー方言の度合いを主として形態，統語，そして
意味的側面から——つまり，音声あるいは音韻的側面を除いて——判断せざ
るをえない．

　もっとも，我々がイライザの台詞のみに注目するならば，事情は少し変
わってくる．『ピグマリオン』第1幕が始まって間もなくイライザが「花売
り娘」(The Flower Girl) として初めて音声を発するところをみよう：

(13) 　*([Freddy] opens his umbrella and dashes off Strandwards, but*
　　　comes into collision with a flower girl who is hurrying in for
　　　shelter, knocking her basket out of her hands. ...)
　　　THE FLOWER GIRL. 　Nah then, Freddy: look wh' y' gowin,
　　　deah.
　　　FREDDY. 　Sorry (*he rushes off.*)
　　　THE FLOWER GIRL. 　(*picking up her scattered flowers and re-*
　　　placing them in the basket) 　Theres [sic] menners f' yer! Tə-oo
　　　banches o voylets trod into the mad.
　　　　　　　　　　　　　(Shaw (1972b: 670-671))［下線は筆者による追加］

短い対話の相手はのちにイライザが正式に知り合うばかりでなく結婚するこ
とになる (Shaw (1972b: 787)) フレディ・エインスフォード・ヒル (Freddy
Eynsford Hill) である．引用下線部のとおり，イライザのコックニー方言を
ショーは音声に近づけた綴りで示唆している．もしこの綴りが採用されない
場合，彼女の台詞は "Now then, Freddy: look where you're going, dear"
および "There's manners for you! Two bunches of violets trod into the
mud" と表記されるはずである．(13) に続くイライザとミセス・エインス
フォード・ヒル (Mrs Eynsford Hill) ——フレディの母親——との対話にお
いてもショーの綴りは音声に近いものである：

(14) 　THE MOTHER [MRS EYNSFORD HILL]. 　How do you know
　　　that my son's name is Freddy, pray?
　　　THE FLOWER GIRL. 　Ow, eez yə-ooa san, is e? 　Wal, fewd dan
　　　y' də-ooty bawmz a mather should, eed now bettern to spawl a

<u>pore</u> <u>gel's</u> <u>flahrzn</u> <u>than</u> ran <u>awy</u> <u>athaht</u> <u>pyin</u>. Will <u>ye-oo</u> <u>py</u> me f'them?

(Shaw (1972b: 671))［下線は筆者による追加］

引用下線部を綴り直したイライザの台詞は "Oh, he is your son, is he? Well, if you had done your duty by him as a mother should, he'd know better than to spoil a poor girl's flowers and then run away without paying. Will you pay me for them?" となろう.

　重母音に関するサックスの説明からいくつか拾ってみる．まず，[ɑu]⁷ が [ɑ:]⁸ へ変化する現象としては (13) と (14) にみる "[n]ah" と "flahrz[n]" がある (Saxe (1936: 74))．また，[ɑi]⁹ と [oi]¹⁰ の単母音化をめぐるサックスの解説を参照するならば(Saxe (1936: 76-77))，(14) に出てくる "bawm[z]" と "spawl" は母音が /ɔ/ となる現象を示しているはずである．一方，サックスは [ɑi] が [oi] へ変化する現象の例として (13) にみる "voylets"¹¹ を挙げ，[ou]¹² から [ɑu]¹³ への変化については (14) での "now" を例に含めている (Saxe (1936: 57, 71-72))．さらに，(14) における "awy", "pyin", そして "py" は [ei]¹⁴ が [ɑi]¹⁵ となる現象の代表的な例である (Saxe (1936: 70))．

　ところが，(14) の台詞の直後，作者は出版台本の読者へ向けて宣言する——「音声字母を使わずに［イライザの］方言を表そうとするこういった必死の試み」がロンドン以外の読者にとっては「わかりにくい」(unintelligible) ため，これ以降，彼女の台詞を音声に近づけて綴ることはしないと

---

⁷ コックニー方言を含むロンドン方言の母音を分析した J. C. ウェルズ (J. C. Wells) による表記を参照するならば，[æʊ] を意味すると推測される (Wells (1982: 309-310))．

⁸ [æ:] を意味すると推測される (Wells (1982: 309-310))．

⁹ [ɒɪ] を意味すると推測される (Wells (1982: 308))．

¹⁰ [oɪ] を意味すると推測される (Wells (1982: 308))．

¹¹ 本来は三重母音を成す語であり，この場合，/ə/ がすでに脱落していると推測される．

¹² 容認発音において /əʊ/ であるこの音はロンドン方言で /ʌʊ/ となる (Wells (1982: 308-310, 312))．

¹³ [aʊ] を意味すると推測される (Wells (1982: 308-310))．

¹⁴ 容認発音において /eɪ/ であるこの音はロンドン方言で /ʌɪ/ となる (Wells (1982: 308))．

¹⁵ [aɪ] を意味すると推測される (Wells (1982: 308))．

82

ショーは言い切る（Shaw（1972b: 671））．果たしてイライザが次に発する音
声を出版台本は以下のとおり記す：

(15) THE FLOWER GIRL. (*hopefully*) I can give you change for a
tanner, kind lady. (Shaw（1972b: 671））

ものがたりの構成上，イライザは第2幕の終わりまでコックニー方言を使
い続ける．しかし，ショーの宣言どおり，（14）での台詞を最後に出版台本
における彼女のコックニー方言から音声情報は原則として消える．注意すべ
きは，『キャプテン・ブラスバウンドの改宗』出版台本のなかでドリンク
ウォーターのコックニー方言を最初から最後まで音声に近い綴りで示唆した
ショーが『ピグマリオン』出版台本においてはロンドン以外の読者を 慮 っ
ていることである．もちろん，冗談と皮肉を込めてはいるだろうけれども．
ロンドン出身者・居住者の多くは実世界のコックニー方言に何らかの形で接
した経験がある――または自身がコックニー方言話者である．音声に近づけ
た綴りをめぐるそもそもの限界に変わりはない反面，コックニー方言の音声
特徴を耳で覚えている読者は――この方言を実際に聴く機会に乏しい読者と
異なり――（13）と（14）に出てくる綴りから音声を推測することができる
はずであるとショーは考えているらしい．

なお，（13）と（14）には "[t]ə-oo"，"yə-ooa"，"də-ooty" といった綴り
がある．ショーは「音声字母を使わずに …」と読者へ向けて述べるかたわ
らシュワー（schwa）"ə" だけは採用しているのである．出版台本における
作者自身の説明によれば：

(16) [A]n e upside down indicates the indefinite vowel, sometimes
called obscure or neutral … . (Shaw（1972b: 657））

ちなみに，スウィートは *A Primer of Spoken English* において "təgeðə"
(together) を例に挙げている（Sweet（1890: 7））．

3.2. ショーと字母，ヒギンズと字母

前節で触れたとおり，ショーは英語の正書法の改革が社会主義者としての
自身に与えられた使命であると信じていた．字母を「並べ替えること」では
なく新しい字母を提案し普及させることこそが彼のいう改革であった（Mac-

Carthy (1969: 106-107), Shaw (1988: 614-616)）．ショーの死後，遺言にした
がって新たな字母が賞金付きで公募され，彼の演劇作品である『アンドロク
レスとライオン』(*Androcles and the Lion: An Old Fable Renovated*) が英
語の字母と 48 文字を有する新しい字母との対照で再出版されている（Hol-
royd (2011: 796-805), Shaw (1962)）．もちろん，正書法と音声表記とは別物
であることに我々は注意しなければならない．前者はあくまでも規範として
の体系である．

　『ピグマリオン』へ話題を戻そう．ヒギンズが第 1 幕でイライザの発する
音声を密かに表記する際に使う字母はいかなる種類のものであろうか．音声
字母であって当然と我々がみなすならば，それは早計に過ぎない．以下のと
おり，イライザはヒギンズに筆記帳の開示を要求する：

(17)　THE FLOWER GIRL. … How do I know whether you took me
　　　 down right? You just shew me what youve [sic] wrote about
　　　 me. (*The note taker opens his book and holds it steadily under
　　　 her nose, though the pressure of the mob trying to read it over
　　　 his shoulders would upset a weaker man.*) Whats [sic] that?
　　　 That aint [sic] proper writing. I cant [sic] read that.
　　　 THE NOTE TAKER [HIGGINS]. I can. (*Reads, reproducing her
　　　 pronunciation exactly*) "Cheer ap, Keptin; n'baw ya flahr orf a
　　　 pore gel."
　　　 THE FLOWER GIRL. (*much distressed*)　It's because I called
　　　 him Captain. I meant no harm.
　　　　　　　　　　　　　　(Shaw (1972b: 674-675))［下線は筆者による追加］

鼻先に筆記帳を突きつけられたイライザの目にする字母が音声字母であると
は出版台本のどこにも注記されていない．しかし，これを読もうと試みるも
叶わぬイライザの言い放つ 2 語が我々の取っ掛かりとなる——引用下線部の
とおり，ヒギンズが「まともな書き方」をしていないとイライザは主張する
のである．

　英語版映画《ピグマリオン》にはヒギンズが筆記帳をイライザのほうへ向
けるショットがある（Asquith and Howard (1938)）．ページに記された字母は
あまりはっきりと映し出されないが，英語の字母ではなさそうである．ハリ

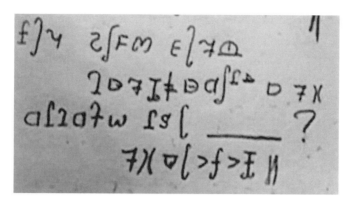

写真 3：ハリウッド映画《マイ・フェア・レディ》におけるヒギン
　　　ズの筆記（Cukor（1964: 00:07:16））［ショットの角度を修
　　　正のうえ部分を拡大］

ウッド映画《マイ・フェア・レディ》の場合，ヒギンズが音声字母を用いて
筆記していることは明らかである（Cukor（1964））――この字母はアレクサン
ダー・メルヴィル・ベル（Alexander Melville Bell）の考案になる視話法
（Visible Speech）（Sweet（1880-81: 187-202））およびスウィートが視話法を
改良し提唱した器官的字母（revised organic alphabet（Sweet（1880-81: 203-
228）））（revised Visible Speech（Sweet（1892b: vii, 9-83）））と似かよってい
る（写真 3）．一方，音声学徒である我々がよく目を凝らすと視話法にも器官
的字母にも属さない記号が含まれていることもわかる．また，ヒギンズの書
体は丁寧に過ぎるほどのもので，彼がいかにフィールドワークに長けた音声
学者であるとしてもいささか出来過ぎといえよう．ショーの創造物であるヒ
ギンズが用いる字母に虚構性がみられたところで不思議はないのである．
　『ピグマリオン』第 1 幕の終わりにさしかかる時点でヒギンズはピカリン
グに自己紹介をする――Higgins's Universal Alphabet という本の著者を彼
は名乗る（Shaw（1972b: 680））．ここでいう「万能字母」もスウィートが考案
した「ローミック」（Romic）――「簡略ローミック」（Broad Romic）と「精
密ローミック」（Narrow Romic）（Sweet（1877: 100-122, 1892b: 21, 38, 71-
83）））――を彷彿とさせるのであろうと我々は想像する．確かに，『ピグマリ
オン』第 2 幕でヒギンズは「簡略ローミック」に言及している：

(18)　HIGGINS.　… I'll shew you [Pickering] how I make records. We'll set her [Eliza] talking; and I'll take it down first in Bell's Visible Speech; then in broad Romic; and then we'll get her on the phonograph so that you can turn her on as often as you like with the written transcript before you.

(Shaw（1972b: 686））［下線は筆者による追加］

　ただし，ローミックの考案者についてヒギンズは何も語らない．ベルの視話法が言及されており，これはスウィートを強く示唆するものであるが．

　ハリウッド映画《マイ・フェア・レディ》におけるヒギンズはピカリングに向かって視話法と簡略ローミックに関する話をしながらポータブルの字母表を指さす（Cukor（1964））．いくつかのショットではっきりと映し出されるその表に記載された視話法と簡略ローミックにはベルとスウィートが用いなかった記号も含まれている．ヒギンズの筆記帳における場合と同様，我々がこの音声学者および字母の虚構性を意識する瞬間である．

4.　イライザと音声，役者と音声

4.1.　イライザにとっての「音声学」

　ジョーンズによる *An Outline of English Phonetics* 第 3 版は 1932 年に刊行された．本扉で「116 の図解付き」と謳っているとおり，この版は舌の位置を示す図，口蓋図（palatogram），唇の形の写真，母音図，音符，強勢とイントネーションを表す図といった視覚資料を音声字母に添えながら英語音の細微な理屈と感覚で音声学徒に意識させる（Jones（1932））．今日では古典とみなされるこの本を我々が読んでいれば，1930 年代にものがたりを設定した英語版映画《ピグマリオン》におけるヒギンズの実験室の壁に掲げられた巨大な図（Asquith and Howard（1938））がジョーンズの提唱した母音図を模したものであることは直ぐにわかる——英語母音とおぼしき母音が基本母音図内に音声字母で書き込まれているのである．しかも，この母音図は，「実際に教える際に使いやすい形」とジョーンズが呼ぶ台形（Jones（1932: 63））ではなく，より「正確」に母音の位置を示すことができると彼が主張する四角形——前舌狭母音を後古狭母音よりも高く，また，後舌狭母音を後舌

広母音より少し前に寄せた形——（Jones (1932: 63)）である．映画のなかでヒギンズはこの母音図に全く言及しないものの，舌の位置と唇の形を示した図一式を使いながらイライザに英語母音同士の区別を教える——各図には音声字母の記号が書き入れられている．

　しかし，ヒギンズの門を叩いたイライザの目的が音声学を学ぶことにあったわけではない．そもそも我々はヒギンズから彼女へ伝授された内容に「音声学」という名称を与えるであろうか．『ピグマリオン』第 2 幕においてイライザがヒギンズとピカリングに向かって語る自らの夢と課題は非常に具体的である．花屋の店員になりたいと述べるイライザは「もっとお上品に話せないと［どんな花屋も］雇ってくれない」("they wont [sic] take me unless I can talk more genteel")と認めるのである（Shaw (1972b: 688)）．一方，イライザとヒギンズとの対話を愉快に聞いたピカリングは「大使主催による園遊会」の席でイライザが「公爵夫人」であると出席者達に信じ込ませることができるかという賭けをヒギンズに打って出る（Shaw (1972b: 680, 691)）．ヒギンズは迷わず応じるが，以下の対話にみるとおり，この時点でのヒギンズとイライザとの間には後者が学ばなければならない事柄に関する認識の差がある：

(19)　LIZA.　I got my feelings same as anyone else.

　　　HIGGINS. (*to Pickering, reflectively*)　You see the difficulty?

　　　PICKERING.　Eh?　What difficulty?

　　　HIGGINS.　To get her to talk grammar.　The mere pronunciation is easy enough.

　　　LIZA.　I dont [sic] want to talk grammar.　I want to talk like a lady in a flower-shop.

(Shaw (1972b: 695))［下線は筆者による追加］

英語を「お上品」に操ることを欲するイライザはヒギンズから音声訓練のみならず規範文法に関する指導も受ける必要がある．また，彼女が使い慣れた語彙も「お上品」ではない．その顕著な例が『ピグマリオン』第 3 幕にみられる：

(20)　FREDDY. (*opening the door for her [Liza]*)　Are you walking across the Park, Miss Doolittle? If so—

LIZA. (*with perfectly elegant diction*) Walk! Not bloody[16] like-
ly. (*Sensation.*) I am going in a taxi. (*She goes out.*)

(Shaw (1972b: 730))〔下線は筆者による追加〕

つまり，イライザは「お上品」な「言語」を包括的に習得しなければならな
いのである．同じ第3幕においてヒギンズは「新たな言語」という表現を使
いながらこの点をミセス・ヒギンズに説明する：

(21)　HIGGINS. ... I shall win my bet. She [Liza] has a quick ear;
and she's been easier to teach than my middle-class pupils be-
cause she's had to learn a complete new language. She talks
English almost as you [Mrs Higgins] talk French.

(Shaw (1972b: 723))〔下線は筆者による追加〕

イライザが公爵夫人を装うことのできるまでに自らの話しことばを変えてい
く過程をヒギンズは彼の母親が——翻って我々が——外国語の話しことばを
身に着けていく過程に喩えている．もちろん，ヒギンズは母親をからかって
いるわけであるが．イライザ自身も『ピグマリオン』最終幕におけるピカリ
ングとの対話のなかで同様に発言する：

(22)　LIZA. ... I am a child in your country. I have forgotten my own
language, and can speak nothing but yours. Thats [sic] the real
break off with the corner of Tottenham Court Road. Leaving
Wimpole Street finishes it.

(Shaw (1972b: 770))〔下線は筆者による追加〕

イライザにとって，ウィンポール・ストリートで彼女に与えられた環境はす
なわち「かの地」であった．ヒギンズやピカリングの住む「国」で自身も暮
らしながら「新たな言語」を徹底的に学んだ結果，「[自身の]言語を忘れた」
と彼女は言い切るのである．ヒギンズから得たものをイライザは「音声学」

---

[16] 第2幕におけるミセス・ピアスの台詞から推測する限り，ヒギンズはこの「お上品」
ではない語を日常的に用いているようである (Shaw (1972b: 703–704))．

88

と呼ぶが，(1) でみたとおり，これは彼女に「新たな言語」を教えるなかで
ヒギンズが編み出したメソッドを指すと解釈される．もっとも，(22) の直
後，様変わりしたアルフレッドの予期せぬ出現に動転したイライザは叫ぶ：

(23)　LIZA.　… A-a-a-a-a-ah-ow-ooh!

(Shaw (1972b: 770))

第1幕と第2幕において彼女が事あるごとに発していた音の連鎖である．

4.2.　役者が発する音声

　『ピグマリオン』の上演へ目を向けよう．劇場へおもむく人々があらかじ
め出版台本を読んでおくとは限らない——そういった予習をむしろ邪道とみ
なす考えもある．観客にとって，イライザとは一にも二にも眼前の舞台で役
者が演じるそれであり，イライザのコックニー方言とは役者が発する音声そ
のものということになる．ミュージカル《マイ・フェア・レディ》の場合も
同様である．舞台をスクリーンへ置き換えれば，数々の映画《ピグマリオン》
およびハリウッド映画《マイ・フェア・レディ》を鑑賞する人々についても
同じことがいえる．
　英語による『ピグマリオン』初演では，当時イギリスとアメリカにおいて
役者として活躍していたミセス・パトリック・キャンベル (Mrs Patrick
Campbell) がイライザ役を務めた．もともとキャンベルを念頭にショーが
この作品を執筆していたことは 1912 年8 月にやはり役者であったエレン・
テリー (Ellen Terry) へ宛てた彼の手紙から明らかである：

(24)　I wrote a play [*Pygmalion*] for Alexander[17] which was really a
　　　play for Mrs Patrick Campbell. … When the play was finished I
　　　read it to Alexander. He said he would play it with anyone in the
　　　world but Mrs P. C. [Patrick Campbell]. I said it couldnt [sic] be
　　　played with anyone else … . Well, I read it to a good friend of
　　　mine [Dame Edith Lyttelton],[18] and contrived that she [Campbell]

---

[17] 劇場経営者であり役者でもあったジョージ・アレクサンダー (George Alexander) を
指す (Shaw (1985: 110))．
[18] 編者による挿入 (Shaw (1985: 111))．

should be there. ... She saw through it like a shot—"You beast, you wrote this for me, every line of it: I can hear you mimicking my voice in it &c &c &c."

(Shaw (1985: 110-111)) ［下線は筆者による追加］

引用下線部から推測する限り，ショーはキャンベルが発するであろう音声を
イライザのそれとして自らの頭のなかで響かせながら『ピグマリオン』を執
筆し上演への準備にいそしんだようである．前節において我々はコックニー
方言の音声を英語の字母で表記することに苦心するショーを追ったわけであ
るが，上演という枠組みで『ピグマリオン』を扱う際に彼が欲した音声は出
版台本から窺える彼の音声への姿勢と一線を画していたことになる．演技を
めぐって個々の役者に詳細な注文をつける習慣のあったショーは『ピグマリ
オン』上演の初日にキャンベルへ「最終指令」(Shaw (1985: 224)) と銘打っ
た手紙を送っており，第1幕にも言及している：

(25) I give up in despair that note of terror in the first scene which
      collects the crowds and suddenly shews the audience that there is
      a play there, and a human soul there, and a social problem there,
      and a formidable capacity for feeling in the trivial giggler of the
      comic passages.   (Shaw (1985: 225)) ［下線は筆者による追加］

ショーはキャンベルが発する音声のみを俎上に載せているわけではない．彼
女の演技全般を彼自身が意図した「第1幕でのイライザ」に重ね合わせよう
としているのである．

　本章はコックニー方言話者としてのイライザ，「新たな言語」を習得する
途上のイライザ，そして自らが得たものを「音声学」と呼ぶイライザに注目
してきた．しかし，『ピグマリオン』の真骨頂は「新たな言語」の話者となっ
たイライザがヒギンズと仲たがいし彼を大議論でほぼ負かすところにある．
ショーが「最終指令」でキャンベルにつけるいくつかの注文も主として「新
たな言語」に関するものである (Shaw (1985: 224-225))．この点から英語版
映画《ピグマリオン》およびハリウッド映画《マイ・フェア・レディ》を振
り返ってみる．どちらの映画もヒギンズとの大議論におけるイライザの台詞
をかなりの割合で削っており，また，ものがたりの決着が『ピグマリオン』

90

と異なることはすでに触れたとおりであるが，我々はイライザを演じる 2 人の役者——ウェンディ・ヒラー（Wendy Hiller）およびオードリー・ヘップバーン（Audrey Hepburn）——が発する「新たな言語」に注意深く耳を傾けよう．さらに，その音声を 2 人が他の数々の映画のなかでさまざまな人物を演じながら発する音声と比べてみよう．役柄に特定の方言が要求される場合を除き，ヒラーが発する音声は 20 世紀中盤における容認発音（Received Pronunciation）のそれであり，ヘップバーンが発する音声は容認発音を基礎とした独特の体系を成している．2 人は各々がスクリーン上でデフォルトとしている音声をイライザの「新たな言語」に充てていることがわかる（Asquith and Howard (1938), Cukor (1964)）．ヒラーやヘップバーンに限らない．容認発音あるいはそのヴァリエーションの駆使を「売り」とする役者がイライザを演じる場合，「新たな言語」の音声は舞台あるいはスクリーン上での自身のデフォルト音声を意味する．これに対し，スクリーン上でのデフォルト音声を一般米語（General American）とする著名な役者がイライザ役を務めるとしよう．もし彼女の発する「新たな言語」が容認発音あるいはそのヴァリエーションであれば，それは自身および観客にとってまさに「新たな」ものである——メタ言語性が際立つといえる．

5.　むすびに代えて

『ピグマリオン』を出版台本で読み込み，上演へ足を運び，映画《ピグマリオン》に接し，そのうえミュージカル《マイ・フェア・レディ》を舞台と映画で鑑賞する我々にとって，イライザの台詞は確かに主たる分析の対象である．しかし，今一度，ショーによる出版台本を読んでみよう．20 世紀初期における英語の話しことばをめぐる作者および社会の認識は本章で殆ど注目しなかった登場人物達の台詞にもみてとれる．エインスフォード・ヒル親子による第 3 幕でのミセス・ヒギンズへの挨拶がわかりやすい例である——ミセス・エインスフォード・ヒル，彼女の娘であるクララ・エインスフォード・ヒル（Clara Eynsford Hill），そしてフレディは "How do you do?" を三者三様に発音する：

(26)　MRS EYNSFORD HILL. (*to Mrs Higgins*)　How do you do?

(*They shake hands.*)

MISS EYNSFORD HILL [CLARA]. How d'you do? (*She shakes.*)

(Shaw (1972b: 724))

(27) FREDDY. (*shaking hands with Mrs Higgins*) Ahdedo?

(Shaw (1972b: 725))

この母・娘・息子は家族として1つの社会階級に属しているが，世代，経済状態，育てられ方，通った学校，意識，志向などにみる3人の間の相違をショーは出版台本[19]で詳細に説明しており（Shaw (1972b: 723-732, 785-794)），それらは各自の話しことばに投影される．我々が（20）でみたイライザの「お上品」さを欠くひと言に反応する母と娘もやはり互いに対照的である：

(28) MRS EYNSFORD HILL. (*suffering from shock*) Well, I really cant [sic] get used to the new ways.

CLARA. (*throwing herself discontentedly into the Elizabethan chair*) Oh, it's all right, mamma, quite right. People will think we never go anywhere or see anybody if you are so old-fashioned.

MRS EYNSFORD HILL. I daresay I am very old-fashioned; but I do hope you wont [sic] begin using that expression, Clara.

(Shaw (1972b: 730-731))

のちにクララは自由で野心的な人生を歩み出す（Shaw (1972b: 790-794)）——イライザとの接触がそのきっかけである．ものがたりの周辺に位置する登場人物達をめぐっての機微は『ピグマリオン』をより立体的な作品に仕立て上げている．

---

[19] ショーが最終幕の後に散文で著したものがたりの成り行き（Shaw (1972b: 782-798)）を含む．

コラム

有標性とは？

　物事には基本的なものと応用的なものがあり，一般的には，より基本的なものを獲得してからより応用的なものが身につく．「加減乗除」は漢字の配列から序列関係が読み取れる好例である．演算式は最も基本的な「加」（足し算）を出発点としながら，「減」（引き算）→「乗」（掛け算）→「除」（割り算）の順により応用的（複雑）なものとなり，我々が演算式を習得する順番はこの序列関係に則っている．

　同様の序列関係が，ことばの世界にも存在し，これを有標性（markedness）という．より基本的な（あるいは一般的な）ものは「無標」（unmarked），より応用的な（あるいは特殊，複雑な）ものは「有標」（marked）とされる．演算式の習得順が，それらの序列関係を反映しているのと同様に，言語における序列関係も，幼児の獲得順から割り出せると考えられる．例えば，幼児が最初に獲得する子音＋母音（CV）がもっとも基本的な（無標）音節構造であり，これ以外の構造はいずれも CV よりも応用的な有標構造とみなされる．（下図参照．図内の矢印の右側の構造が左側の構造よりも有標なものとなり，左端の CV がもっとも無標な構造，右端の CCVCC がもっとも有標なものとなる）．

$$（パターン A）[1]$$
$$CV→CVC→V→VC \begin{cases} CVCC→VCC→CCV→CCVC \\ CCV→CCVC→CVCC→VCC \end{cases} CCVCC$$
$$（パターン B）$$

オランダ語の音節構造獲得過程

（Levelt and van de Vijver (2004: 209) をもとに一部改変）

言語における序列関係は，幼児の言語獲得のほか，人間の諸言語における生起頻度や失語症患者の喪失順からも読み取れるといわれている（Jakobson (1968, 1976), 窪薗 (1993)）．上述の音節構造でいうと，獲得の早い CV は無標構造で，どの言語にも存在するが，獲得の遅い CCVCC は有標であるため，この構造を有する言語数はぐっと少なくなる．逆に，失語症患者は有標な構造から喪失していくので，無標の CV が最後まで保持される．

---

[1] CV → CVC → V → VC まではどの幼児も同じ獲得過程を辿るが，その後は，コーダの子音連鎖から獲得する群（パターン A）とオンセットの子音連鎖から獲得する群（パターン B）とで異なる過程を辿る．

第 4 章

音韻論と言語発達のインターフェイス
―オノマトペと絵本に焦点を当てながら―

都田青子（津田塾大学）

1. はじめに

　子どもたちがどのようにことばを獲得するのかという問いかけは，昔から多くの人たちが関心を寄せるトピックであり，言語学におけるもっとも重要なテーマの 1 つでもある．

　子どもの言語獲得の問題を考える際，環境言語，すなわち子どもが実際に聞いている周囲のことばが重要な役割を果たしているという点に異論を唱える人はいないであろう．つまり，一番身近な環境言語である養育者のことばを手掛かりとしながら，子どもたちは母語を獲得していく．

　日本語を母語とする養育者の特徴として，子どもに話しかける際のオノマトペの多用が挙げられる（早川（1981）など）．オノマトペ（onomatopoeia）とは，「音ことば」とも言い換えることのできる特殊なことばの総称である（後路（2005: 18））．豚が「ブーブー」鳴くなど，実際の音を言語化したものもあるが，必ずしも実際の音の描写だけがオノマトペという訳ではない．物事の様子や心情を音に置き換えて表現することもできる．例えば，星が「きらきら」輝くのは，星が「きらきら」という音を発するからではもちろんなく，その輝く様子を音によって象徴的に表現している（詳細は後述）．

　「音ことば」であるオノマトペは，音とその指示対象との間に強いつながりがあるため，特定の場面や状況，出来事などを喚起または連想しやすいと

94

いわれている．このような高い類像性（iconicity）[1] があることから，養育者が子どもに対してオノマトペを多用することはよく知られている．子どもと大人それぞれに対する発話内のオノマトペを比較した研究では，前者は後者に比べて約5倍も多くオノマトペを用いていたことが報告されている (Nagumo et al. (2006)，佐治・今井 (2013))．

　さらに，話しことばだけではなく，オノマトペは絵本にもよく登場する．ただし，発達初期の段階から出会う絵本は，子どもたちが養育者によって読み聞かせてもらうことを前提に作成されていることを考えると，絵本に登場するオノマトペは文字情報というよりは，音声情報として果たす役割が重要な鍵を握っているといえよう．

　英語の場合，子どもたちの母語獲得の一助となるよう，絵本で用いる表現には押韻[2] が配置された定型文を繰り返すなど，意識的に英語特有の音とリズムを体感できるような言語構造上の工夫がなされているといわれている（大瀬 (2019: 9))．例えば，Dr. Seuss による人気絵本シリーズの中には *Cat in the Hat*, *Fox in Socks*, *Hop on Pop* など，タイトルそのものまでが韻を踏んだ語呂のよいものがある．

　日本語の場合，英語とは音節構造が異なるため，英語とまったく同じ押韻の技法をそもそも用いることができない．もし日本語の音やリズムに対する意識を高めるために何か工夫がなされているとするならば，押韻以外の技法が必要となるはずだ．日本語の絵本では，具体的にどのような言語構造上の工夫がなされているのだろうか．このことを明らかにするために，本章では絵本で多用されているオノマトペに着目し，その言語的な特徴について分析を行う．もともと「音ことば」であるオノマトペが多用されていること自体，すでに「音」を意識して絵本が作成されていると捉えることができる．しかし，絵本で用いられているオノマトペは，果たして一般的に用いられているオノマトペと同じなのか，あるいは絵本ならではの特徴があるのか．

---

[1] 言語音とその参照対象が類似的，非偶然的関係をもつ性質のことをいう（佐治・今井 (2013: 152))

[2] 押韻は「韻を踏む」ことである．英語の場合，2つ以上の単語のそれぞれの語末のライム（脚韻）構造，すなわち母音とそれに続く子音が一致していることをいう（例：cat /kæt/ と hat /hæt/ の場合，母音と子音連鎖 /æt/ が一致している）．母音で終わる語の場合は，母音が一致していれば押韻となる（例：bee /biː/ と see /siː/)．

　本章は，概要紹介の本節を含む 6 節から構成される．2 節では，言語の
「恣意性」について述べ，3 節では，その恣意性の反例ともいえる「音象徴」
について取り上げる．4 節ではオノマトペについて概観し，続く 5 節では，
絵本のオノマトペに焦点を当て，6 節で総括をする．

2.　言語の恣意性

　一般的に，ことばは「意味」と「音形」から成り立っていると考えられる．
例えば，「皿」は「食べ物を盛る，浅くて平らな容器」という「意味」を持つ
とともに，日本語では /sara/，英語では /diʃ/(dish)，フランス語では /pla/
(plat) という呼び名，すなわち「音形」を持つ．このように，同じ事物や概
念（ここでは「食べ物を盛る容器」）に対して，言語ごとに異なった呼び名
（つまり音形 /sara/，/diʃ/，/pla/）が存在するということは，「意味」と「音
形」は，たまたま偶然に結びついており，両者間にはなんら必然的な関係性
はないということになる．仮に両者の間の関係が必然的なものであるなら
ば，「食べ物を盛る，浅くて平らな容器」はどの言語においてもまったく同
じ呼び名（音形）を持つはずなのだが，上述のとおり，言語ごとに存在する
呼び名は，たまたま慣習として付けられているにすぎない．このように，意
味と音形がたまたま偶然に対応している関係性を恣意的（arbitrary）という．
　呼び名とその呼び名の指し示す対象との関係については，すでに紀元前の
プラトンが記した『クラテュロス』（*Cratylus*）の中で取り上げられている
（清水 (2016: 11)）．しかし，言語の恣意性が現代言語学における基本原理の
ひとつとして考えられるようになったのは，近代言語学の父と称されるソ
シュール (Ferdinand de Saussure) に拠るところが大きい．
　ソシュールによると，言語は記号 (sign) である．記号は，記号表現 (sig-
nificant，上述の「音形」）と記号内容 (signifié，上述の「意味」）から成るが，
両者間には必然的な関係はない[3](Saussure (1959: 66-67))．すなわち，記号表
現と記号内容の間には，多くの場合，直接的な因果関係がないため，語音の

---

[3] Saussure は，概念 (concept) と聴覚映像 (sound-image) という用語を用いている ("a
sound image ... is not the material sound, a purely physical thing, but the psychological
imprint of the sound, the impression that it makes on our senses." Saussure (1959: 66)).

構成は，言語共同体ごとに予測不能な恣意性（unpredictable arbitrariness）によって決まるという．

　このような言語の恣意性は，実は人間の創造性，すなわち，自由に思考する上で重要な役割を果たしているとも考えられている（浜野（2017: 27））．ただし，一般的には恣意的な関係とされている「意味」と「音形」だが，両者間に何らかの合理的，感覚的な結びつきがあるのではないかと考えられるような反例も実は存在する．例えば，英語において，snail（カタツムリ），snake（蛇），sneak（こそこそと入る），snoop（こそこそうろつく）など，「這う」概念は /sn/ という音連鎖との結びつきが強いといわれている．また，光に関する語でも，動きが伴う場合は /fl/ を含むものが多いのに対して（例：flame, flare, flash, flicker, flimmer），動きが伴わない場合は /gl/ を含むものが多いとされる（例：glare, gloat, gloom, glow）（Bloomfield（1933））．「意味」と「音形」の間の結びつきが強いこのような現象を音象徴（sound symbolism）とよぶ．このような結びつきは，英語に限らず，どの言語においても観察されているが，とりわけ，オノマトペは，音象徴との関係で捉えることができるとされている．そこで，オノマトペについて取り上げる前に，まずは次節で音象徴についてまとめておくことにしよう．

3.　音象徴

　前節でもみた通り，ソシュールによると，一般的に言語は「意味を表しているもの」（significant）と「意味されている概念」（signifié）としての性質があり，両者の関係は恣意的で，たまたま偶然に結びついているにすぎないといわれている．一方において，ある音から特定の意味や概念を連想できる場合がある．本節では，そのような言語の恣意的ではない側面に焦点を当てていくことにする．

　たしかに，連想，すなわち，ある概念につられてそれと関連のある別の概念が出現するという現象は，意外と身近に多く存在する．例えば，山田（1998）の形と色に関する実験では，多くの被験者が丸（○）からは赤色，三角（△）からは黄色，四角（□）からは青色を連想すると報告されている．同様の実験を 140 名の学生を対象に行った結果，予め色の指定もせず，自由記述であったにも関わらず，山田（1998）の主張通り，それぞれの形は，

ある特定の色と強く結びついている傾向を示す結果が得られた（表1）.

色 ＼ 形	○		△		□	
	赤	100	黄	66	青	78
	青	22	緑	26	緑	39
	黄	13	青	22	黄	13
	緑	3	赤	19	橙	3
	橙	2	その他	7	その他	7
計		140		140		140

表1：形から連想される色

　このような傾向は日本に限ったことではなさそうだ．たとえば国内外の41社，150種のフレグランスの「形」と「色」の関係について調べたところ，丸みを帯びたボトルは赤系，三角型のボトルは黄色系，四角型のボトルは青系の色が使用されている傾向が強いことが報告されている（原田（2005））．国内外を問わず，この種の傾向が観察されるということは，形と色の関係は決して特定の文化圏のみの特徴とはいえそうにない．直接的な因果関係のない形と色の間にこの種の連想が出現するということは，音が関与するようなほかの連想の事例も観察されたとしても何ら不思議なことではない．

3.1. 「音」と「形・大きさ」

　音象徴に関する古典的な研究としてよく知られているのが，サピアによる「母音」と「大きさ」の関係を調べた心理実験である（Sapir（1929））．この実験では，大きさの異なる2つの机に対し，母音のみが異なる無意味語 mal と mil をそれぞれの机の呼び名として与えるとしたら，どちらが大きい机を意味するかを被験者に選択させている．

　その結果，英語母語話者（大人）の96％は大きいほうを mal，小さいほうを mil とよぶと回答したという．つまり，/a/ は「より大きいもの」を連想させ，逆に /i/ は「より小さいもの」との結びつきを感じさせる結果となっている．この傾向は英語母語話者のみならす，例えば，中国語を母語とする

98

留学生も 76％が同様の回答をしたと報告されている．ちなみに，大学生 55
名に対して図 1 に示すような 2 つのテーブルを用いて調査をしたところ，
/a/ を含む mal は大きいテーブル，/i/ を含む mil は小さいテーブルの呼び
名としてそれぞれふさわしいと答えたのは 40 名，全体の約 73％であり，先
行研究と一致する結果であった．さらに，あ→お→う→え→いの順で，「あ」
が最も大きく，「い」が最も小さいイメージがあると報告している先行研究
もあるが（田守（2002: 148）），その主張を支持する結果でもある．つまり，
英語，中国語同様に，日本語においても /a/ は大きいもの，/i/ は小さいも
のを連想させるようだ．

図 1：mal と mil（松平（2003）より一部改変）

　「音」と「大きさ」の関係の他に，「音」と「形」の関係に着目した研究もあ
る．例えば，ドイツ系アメリカ人心理学者のケーラー（Wolfgang Köhler）
によると，maluma と takete という無意味語を，図 2 に示すような 2 つの
図形と関連づけようとした場合，ほとんどの人は，丸みを帯びた図形を
maluma，ギザギザした方の図形を takete と結び付けるという（Köhler
（1929:243, 1947: 133-134））．このことから，ケーラーは，聴覚情報としての
音形と視覚情報としての図形との間に結び付きがあると考えた．このケー
ラーの主張を検証するため，図 3 のような図形を被験者に提示し，どちら
が bouba でどちらが kiki であるかを回答させる実験が行われた（Ramachan-
dran and Hubbard（2001））．その結果，95％ の被験者が，丸みのある図形が
円唇母音を含む bouba，ギザギザととがった図形が円唇母音を含まな
い kiki であると回答し，ケーラーの主張の妥当性が裏付けられることとなっ
た（Ramachandran and Hubbard（2001: 19））．このように，音からある特定の
図形を連想できる音象徴的な現象を，この時ラマチャンドランとハバードが
使用した課題語に基づき，ブーバ・キキ効果（bouba kiki effect）とよぶよ

うになった.

　この種の音と形の間にみられる結びつきは，通言語的に観察される傾向で，被験者の母語による影響もないといわれている．実際，日本語を母語とする大学生対象に，図 2 を提示し，子音（C）と母音（V）から成る CVCVCV の構造を持つ任意の名前をそれぞれに付けるように指示をしたところ，丸みのある形には "buromu"，"gobuda"，"gomobo"，"suhoya"，"woloma" など，全体的に /u/, /o/, /a/ などの円唇母音を含む名前が多かったのに対し，角ばった方の形には "bigedi"，"gikebi"，"kidise"，"tekiki"，"sikiro" といった，非円唇母音 /i/ を含む名前が付けられる傾向が強く，先行研究と同様の傾向が読み取れる結果となった．さらに，大人ばかりではなく，幼児の場合も類似した結果が得られるという報告もある．2 歳半の幼児を対象に同様の実験を行った際，大人同様に，丸みのある図形を円唇母音と関連づける傾向が幼児にもみられるという結果が出ている (Maurer et al. (2006)).

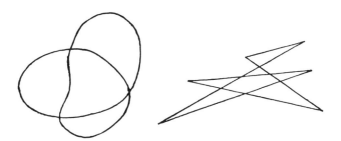

図 2：丸みを帯びた maluma とギザギザした takete
(Köhler (1929:243, 1947:133–134))

図 3：丸みを帯びた bouba とギザギザした kiki
(Ramachandran and Hubbard (2001: 19))

100

3.2. 「音」と「色」

　フランスの詩人ランボー（Arthur Rimbaud）による "Voyelles"（母音）と
題するソネットがある．母音それぞれに色を付し，音と色の折りなすイメー
ジを表現したものなのだが，出だしの 2 行を以下（1）に挙げてみよう（Rim-
baud (1895: 19)）：

(1)　　　　"Voyelles" by Arthur Rimbaud
　　　　　A noir, E blanc, I rouge, U vert, O bleu :
　　　　　voyelles, je dirai quelque jour vos naissances latentes
　　　　　（A は黒，E は白，I は赤，U は緑，O は青：
　　　　　母音たちよ，いつか汝らの出生の秘密を語ろう）

ランボーによると，A は黒，E は白，I は赤，U は緑，O は青の色をそれ
ぞれイメージさせるとのことだ．[4] では，日本語の場合はどうであろう．特
定の色との結びつきはあるのだろうか．

　大学生 36 名に対して，日本語の 5 母音から色を連想するか，もし連想でき
る場合，その色は何色かをたずねてみたところ，表 2 のような結果となった．

	あ	い	う	え	お
	赤　24	黄　16	青　13	橙　9	青　15
	橙　4	白　4	緑　4	緑　7	橙　3
	その他　8	青　3	黄　3	黄　5	緑　2
		その他　13	黒　2	赤　2	黒　2
			白　2	その他　13	その他　14
			紫　2		
			茶　2		
			その他　8		
計	36	36	36	36	36

表 2：母音と色の関係に関する調査結果[5]

---

[4] フランス語の 5 母音は日本語とは若干異なり，それぞれ A /a/, E /ɛ/, I /i/, O /o/, U /y/ と発音される．

[5] 得票数が 1 以下のものならびに無回答のものについてはすべて「その他」に含めてある．

ランボーの詩との共通性を見出せるのは，唯一「お」の青色だけであった．しかし，自由記述であったにもかかわらず，例えば「あ」と赤色に強い結びつきを感じる人が多くいたということは，少なくとも一部の母音については，特定の色との結びつきを強く感じる人が存在することを意味する．

3.3. 「音」とその他のイメージ

これまでみてきた事例は，「音」と「大きさ」や「形」ならびに「色」との関係に着目したもので，いずれの結果も，ある一定の結びつきがそこには存在することを示唆するものであった．では，母音にはこれまでみてきたのとは異なる，ほかのイメージとの結びつきがあるのだろうか．このことを検証するために，松平（2003）は11項目のイメージを用いながら被験者34人対象に調査を行った．項目を選定するにあたっては，広告やネーミングを分析した岩永（1998）を参照した（岩永（1998: 258））．結果は表3の通りである（複数回答可）．

	あ	い	う	え	お
明るい	33	12	6	13	14
強い	20	11	10	7	20
大きい	30	6	3	8	21
優しい	18	11	17	10	10
鋭い	4	22	8	10	3
重い	4	6	17	7	25
軽い	12	18	4	14	2

表3：母音とイメージ（松平（2003）一部改変）[6]

まず「あ」については，3.1節で紹介したmalとmilを用いた調査結果同様に「大きい」というイメージと強い結びつきがあることが読み取れる．それに加え，「明るい」や「強い」といった項目についても比較的強い結びつきがあることが窺える．特に「明るい」，「大きい」に関しては30人（88.2%）以

---

[6] 網掛けは，各母音の得票数の多い項目を示す

上の人が強い結びつきを感じているようで，音とイメージの関係がかなり強く結びついているといえる．次に「い」については，「鋭い」のイメージが20人（58.8％）を超えている．他に目立った項目としては「軽い」（18人（52.9％））も挙げられる．さらに，「お」については，「強い」，「大きい」，「重い」といったイメージがどれも20人（58.8％）を超えた．これに対し，「う」は「優しい」と「重い」，「え」は「明るい」と「軽い」といったイメージとのつながりがやや読み取れる傾向があるものの，先に挙げた3母音に比べ，この2つの母音は特定のイメージとの強い結びつきは特にないことが示唆される．その理由としては，提示した項目にたまたまこの2母音と一致するものが含まれていなかったのか，あるいは，そもそもこの2母音がある特定のイメージとの結びつきがないのか，といったことが考えられる．

4．オノマトペ

　言語の恣意性を説いたソシュールだが，実はその例外として「意味を表しているもの」と「意味されている概念」が自然的に結びついているオノマトペについても言及しており，その存在を認めている（Saussure（1959: 69））．本章の冒頭部において，オノマトペは「音ことば」と称されるということを紹介したが，そのような別名を持つこと自体，一般語彙に比べてこれらの語を構成する個々の音が意味と密接な関係にあるというなによりの証といえよう．例えば，「犬」という動物を指し示す呼び名は言語によってさまざまであり，言語の恣意性の裏付けにはなるのだが，その鳴き声に注目をするとどうだろうか．日本語で犬は「ワンワン」と吠えるが，中国語でも狗（コウ）は「ワンワン」（wāngwāng）と吠える．さらに，英語では dog が「バウワウ」（bow-wow），フランス語では chien が「ワワ」（ouah ouah）と吠えるので，なるほど，言語間における犬の吠え方を表す語は，「犬」を指し示す呼び名よりもはるかに共通性があるといえる（野間（2001: 14-15））．実際の音を写し取ったのだからどの言語でも大体似たような表現が用いられているのは不思議なことではない，もともとオノマトペは一般語彙とは異なる例外的な存在なのだから，と思うかもしれない．実際，ソシュール自身もどうもそのように考えていたようで，オノマトペの存在は認めつつも，そもそも一般的な語種でもなく，かつその数には限りがあるという理由から，あまり重

視することはなかったようだ．しかし，オノマトペが単に実際の音を描写するだけのものであるならば，たしかに数が限られた特殊な語彙として片づけることができるだろう．しかし，少なくとも日本語の場合，オノマトペは決して特殊な語種ではなく，日常生活において頻繁に用いられるごく身近な存在といえる．

　田守（2002）によると，オノマトペは（2）に挙げてあるように，実際の音を描写する擬声語や擬音語のほか，物事の様子や心情を音に置き換えた擬態語をもすべて包括するものとして定義することができる．[7]

　（2）a.　擬声語
　　　　　動物の鳴き声や人間の声を模倣してつくられた語
　　　　　例）カラスが<u>かーかー</u>と鳴く，若い女性が<u>きゃーきゃー</u>叫ぶ
　　　　b.　擬音語
　　　　　声以外の，自然界の物音を模倣してつくられた語
　　　　　例）かみなりが<u>ごろごろ</u>鳴る，電車が<u>ごとごと</u>走る
　　　　c.　擬態語[8]
　　　　　動作の様態や事物の状態を象徴的に描写してつくられた語
　　　　　例）子どもが<u>にこにこ</u>笑う，宝石が<u>ぴかぴか</u>光る

（田守（2002: 5-6））

　上記に加え，「ドキドキ」や「しんみり」など，人間の心理や感覚を表す「擬情語」を含むこともある．

　日本語はオノマトペの種類が豊富といわれているが，数が多いことに加え，ほかの形態素と結びつくことで，新しい語を次々と生産的に生み出す力を持ち合わせている．一般的には副詞や形容動詞として用いられるが，例えば「−する」をつければ「どきどきする」や「ひやひやする」という動詞を生み出すことができる．また，「びしょ濡れ」や「よちよち歩き」のように「オノマトペ＋名詞」の形で複合名詞を作り出すこともできる．さらに，オノマトペに「−しい」を加えると，「けばけばしい」という形容詞にもなる．この

---

[7]　英語では，onomatopoeia は擬音語と擬声語のみを指し，mimetic words（擬態語）とは区別される．
[8]　無生物の状態や様態を表す「擬態語」，生物の状態や様態を表す「擬容語」と分けて分類することもある（窪薗（2017: 5-6））．

104

ように，もともとさまざまな種類のオノマトペが存在することに加えて，ほかの要素と組み合わせることで，新たな語を生み出すことができることから，少なくとも日本語の場合は，オノマトペは語数としてだけではなく，使用頻度としても割合が高く，日常的に用いている身近な存在といえよう．つまり，我々にとっては，単なる「例外的なもの」として簡単に片づけることができない，極めて生産的かつ重要な言語要素であるということだ．

　一見すると，特に擬音語や擬声語は，実在する音やものの様子を写し取っているので，どの言語でも大体似たような表現が用いられていてもおかしくないはずだ．事実，上述の犬の吠え方については，一定の共通性が言語間で観察された．しかし，一般的には実際の音を「まねたことば」と考えられているとはいえ，すべてのオノマトペが言語ごとに共通しているかというと必ずしもそういう訳ではない．動物の鳴き声に限ってみても，犬の鳴き声のほか，例えば英語で牛は moo [mu:] と鳴き，日本語では「モー」と鳴くなど，言語間で非常に似た形をとっているものもあることは事実なのだが，一方において，英語では oink oink と鳴く豚が，日本語では「ブーブー」と鳴く．動物の鳴き声でさえ，言語ごとにまったく異なった表現が用いられていることも案外多く，単なる「まねことば」ではないことは明らかだ（表4参照）．

動物名	英語	日本語
羊	baa	メー
犬	bow-wow	ワンワン
スズメ	chirp	チュッチュッ
馬	neigh	ヒヒーン
豚	oink	ブーブー
カエル	croak	ゲロゲロ
カラス	caw, croak	カーカー

表4：英語と日本語の動物の鳴き声の比較

実際の音をまねている擬音語や擬声語でさえも，万国共通ではないことから，オノマトペについては以下の（3）ように主張する研究者もいる（Herlofsky（1990: 213））：

(3) "… Japanese imitative words are so subtle, complicated, and nu-
merous, that they are nearly impossible for non-Japanese to com-
prehend, and next to impossible to translate into other languages."
（日本語のオノマトペは数が多く，またあまりにもとらえどころのない，複
雑なものであるがゆえに，日本語の中で育った人でない限りは意味の類推
がきかず，また他言語に翻訳することも至難の業である.）

ひとくちにオノマトペとはいうものの，分野別に使用されるオノマトペの頻
度や種類にはかなりのばらつきがある．例えば，同じ雑誌類でも，取り扱う
分野が異なれば，使用されるオノマトペの頻度や表現の種類にはかなりの違
いがある．表5は，172冊（総ページ数3,440）の雑誌を分野別に5項目に
分類した際のオノマトペの語数に関連する特徴を比較対照したものである
（福田（1994: 75））．

	文芸・教育	一般	実用・通俗科学	婦人・生活	趣味・スポーツ	合計
雑誌数	37	35	34	27	39	172
延べ語数	819	668	443	1,193	1,126	4,249
異なり語数	297	242	175	318	393	790
延べ語数（20ページごと）	22.1	19.1	13.1	44.1	28.8	
異なり語数（20ページごと）	16.1	14.3	9.6	26.3	21.5	

表5：分野別オノマトペの比較

オノマトペは一般語彙よりもさまざまな概念を直接的に表現することが可能
となるため，とりわけ生き生きとした臨場感のある描写が求められる分野で
利用される傾向が強いことが読み取れる．例えば，実用・通俗科学と，臨場
感のある描写が多用される婦人・生活の分野を比べると，延べ語数も異なり
語数もともに前者に比べて後者は3倍程度多くなっている．

　スコウラップ（1993）によると，児童文学でも高い頻度で一貫してオノマ
トペが用いられているという．中高生向けの小説におけるオノマトペの使用

と比べると，児童文学の方が約8倍多く用いられていると報告している（中高1.67字/1000字，児童文学13.11字/1000字）．もちろん，一般的な小説は，中高生向けの小説よりも，さらにオノマトペが全体の中で占める割合が少ないことはいうまでもない（1.39字/1000字）．

　ここで，改めてオノマトペが「普通のことば」と具体的に何が違うのかについて喜多（2013）を参考としながら考えてみたいと思う．まずオノマトペは，一般語彙では通常容認されないような音素を用いることが許される．例えば，日本語の場合，/p/は一般語彙に登場することは珍しく，通常パンダ，ピザ，プリンなど外来語でしか用いられない．しかし，一般語彙ではほとんど使用されない/p/を含むオノマトペは意外と多く存在する（例：ぴかぴか，ぴりぴり，ぴしゃりなど（McCawley（1968）））．語頭の位置に限っていえば，日本語のオノマトペの約1/6は/p/で始まるという報告もある（田守・スコウラップ（1999: 31））．次に，形態的変化形についても，例えば「ごろ」から「ごろり」，「ごろん」，「ごろっ」，「ごろごろ」，「ごろりん」といった独自の派生形をつくり出すことができ，この点も，一般語彙とは異なる（詳細は後述）．さらに，意味の特徴に目を向けてみると，オノマトペは音形とその指し示す意味内容との関係がほかの一般的な語彙とは異なり，結びつきが強いとされている．それゆえに一般語彙よりも，音形から具体的なイメージを喚起しやすい．例えば「ころ」と「ころころ」を比べると，形式上の繰り返しがそのまま繰り返しの意味を表している．また，「くるくる」からは何かが回転している様子が連想されるが，/k/を/n/に置き換えて「ぬるぬる」とすると，真っ先に連想されるのは粘液状のものである．この場合，喚起されるイメージの違いは/k/や/n/などの音素がそれぞれに持つ音象徴的な特徴の違いによると考えられる．

4.1. オノマトペと音象徴

　前節の「くるくる」と「ぬるぬる」の例からもわかる通り，どうも個々の音にはある特定の意味が付随しており，その個々の音の持つ意味がオノマトペ全体の意味を決定する上で重要な役割を果たしているようだ．鐘が「ガーン」と響くのと，「ゴーン」と響くのとでは，やはりその鳴り響く音の種類は異なり，前者はちょっと甲高く，広く響きわたる音であり，他方後者は，

より重低音で，長い余韻のある響きを連想させる．[9] これは，母音「あ」の持つ「明るい」イメージと，「お」の持つ「重たい」イメージの違いによってももたらされると考えらえれる（表3を参照されたい）．また，ボールはポンポン（ponpon）と叩くことはできるが，トントン（tonton），あるいはコンコン（konkon）と叩くことはできない．なぜならば，張力のある，あるいは膨張したものを表すことができるのは /p/ だけだからだ．/t/ は張りつめていないもの，/k/ はかたい表面をそれぞれ表すので，ボールを叩く表現としてはふさわしくない．[10]

　このようにオノマトペをひとつひとつ丁寧にみていくと，オノマトペは，語を構成する複数の音が，それぞれ特定の意味と結びつきながら，語全体の意味と深く関わりを持っていることがわかる．とりわけ，我々が音形から具体的なイメージを思い浮かべる際に一役買っているのが，派生形を形成するために付加されるオノマトペ特有の形態要素，すなわちオノマトペ標識（onomatopoetic marker）である．以下，このオノマトペ標識に焦点を当てながら，オノマトペの構成音と意味の関係についてさらに追究してみることにしよう．

　オノマトペの基本型は1モーラないし2モーラから成るとされている．ただし，「ふ（と）」や「ぴよ」など一部の例外を除いて，基本型のまま使用されることは稀で，（4）に挙げてあるようなオノマトペ標識とよばれる要素を通常伴う（田守・スコウラップ（1999: 26））．

(4)　語基：ごろ
　　a.　促音（「ッ」）：瞬時性，スピード感，急な終わり方の意（例：ごろっ）
　　b.　撥音（「ン」）：共鳴の意（例：ごろん）
　　c.　「リ」：ゆったりとしたさま，完了の意（例：ごろり）
　　d.　母音の長音化（「ー」）：物理的に長い音の意（例：ごろーり）
　　e.　反復：音や動作の繰り返しや連続の意（例：ごろごろ）

オノマトペは音形とその指し示す意味内容との結びつきが強いとされるが，

---

[9] 梵鐘人手メーカー老子製作所代表取締役元井秀治氏談より．
[10] 浜野（2017: 14–17）による．

その要因のひとつとして（4）にあるようなオノマトペ標識が挙げられる．つまり，派生型をつくり出すオノマトペ標識それぞれの形態的あるいは音韻的特徴に付随した意味が，オノマトペの意味に影響を及ぼすと考えることができる．例えば，上述の「ごろごろ」のように，形式上の繰り返しがそのまま繰り返しの意味を表すものもあれば（(4e) 参照），「ごろっ」のように促音が語基に付くことで，直前の母音の持続時間が短くなり，瞬間性やスピード感という意味をもたらす効果が生まれるようなものもある（(4a) 参照）．さらに，これらのオノマトペ標識同士を組み合わせることも可能で，例えば比較的小さくて軽いものが回転を繰り返す様子を表す「ころころ」に「っ」をつけて「ころっころっ」とすると，促音によって回転を繰り返す様子にスピード感が加わる．あるいは，促音の代わりに撥音をつけて「ころんころん」にすると，回転を繰り返す様子に「大きさ，重たさ」の意味を加えることも可能となる．

　他の一般語彙よりも，オノマトペが映像的に意味を伝達する力を持ち合わせているといわれるのも，これらのオノマトペ標識の音形が，それぞれ直接的に特定の意味と結びついていることと決して無関係ではないはずだ．加えて，「オノマトペは情報を高密度にコード化している」（喜多（2013: 80））ともいわれるが，これも音形と意味が強く結びつき，高い「類像性」を有しているからこそ可能となるのだろう．すなわち，「普通のことば」であれば「丸みを帯びた小さなものが軽快に継続的に回転しながら転がるさま」といった具合に，動いているものの特性（丸みを帯びて小さくて軽いもの），動きの様態（軽快に回転），動きの時間的構造（継続的に）など多くの情報を複数の単語を組み合わせて表現しなければならないところ，オノマトペであれば「ころころ」一語で事足りる．これもオノマトペ標識のなせる業だ．

　このように，高い類像性を持ち，情報をコンパクトに一語に集約できるオノマトペだからこそ，まだ言語発達途上にある幼児にとっても直感的に意味が捉えやすく，理解しやすいのだろう．また，養育者はそのことを経験的に知っており，多用する傾向が生まれるとも考えられる．

4.2. オノマトペの語型：基本型と派生型

　前節でみた通り，オノマトペ標識が結果的にはオノマトペの意味を決定づける上で重要な役割を果たしており，これらの標識が語基に付加されること

で，規則的に語基の意味を次々と変化させていくことになる．本節ではこの
ような語基およびオノマトペ標識の関係を概観していく．

　山口 (2002) によると，オノマトペは「基本型」と「派生型」の 2 種に分
けることができる．前者は，新しい型を派生させていく大元となるいわゆる
「語基」に相当するもので，「A」，「AA」，「AB」，「ABAB」，「ABB」などを
含む（山口 (2002: 28)）．後者は，基本型にオノマトペ標識を付加することで
生まれる派生の型のことで，(5) にあるような 3 タイプに分類できる：

(5) a. 「A」から派生：「A ッ」，「A ン」，「A ー」
　　 b. 「AA」から派生：「A ッ A」，「A ッ A ッ」，「A ン A ン」，「A ー
　　　　 A ー」
　　 c. 「AB」から派生：「AB ッ」，「AB ン」，「AB リ」，「A ッ B リ」，
　　　　 「A ン B リ」

この基本型と派生型を比べてみると，ほとんどのものについては，基本の型
に上記 (4) でも取り上げたオノマトペ標識が語末もしくは語中に付加され
ることで派生の型が生まれる．また，すでに標識が付加された派生型に，さ
らに別の標識を付加することで，次々と新たな意味を持つ派生型を生み出す
ことができる．つまり，語基に「ー」が付加されて「A ー」という派生型が
でき，そこにさらに「ッ」が加われば，新たに別の派生型「A ーッ」が生成
され，次々と新しい派生型が生まれていく．この関係をまとめると，以下の
図 4 から図 7 のようになる（松本 (2008) を一部改変）．これ以降，基本型 A
およびその派生型をまとめて X 型，基本型 AA 並びにその派生型をまとめ
て XX 型，基本型 AB 型ならびにその派生型をまとめて XY 型，基本型
ABAB 型ならびにその派生型をまとめて XYXY 型とする．

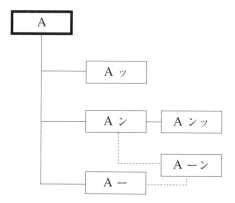

図4：X 型（A 型ならびに A 型からの派生型）

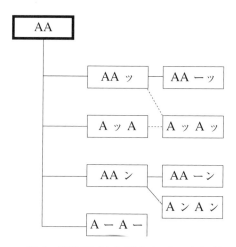

図5：XX 型（AA 型ならびに AA 型からの派生型）

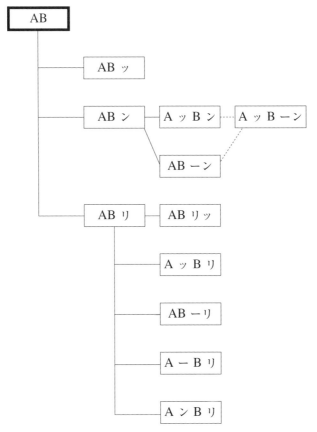

図 6：XY 型（AB 型ならびに AB 型からの派生型）

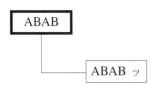

図 7：XYXY 型（ABAB 型ならびに ABAB 型からの派生型）

5. 絵本の中のオノマトペ

本節では，上記図4から図7に示したオノマトペのさまざまな「型」を手掛かりとしながら，絵本に登場するオノマトペの特徴を明らかにしていく．

5.1. 語型の特徴

絵本で使われているオノマトペを調査するために，日常生活で一般的に使われているオノマトペと，オノマトペが多用されている漫画との比較分析を行う．[11] 一般的なオノマトペのデータは，オノマトペ辞書（山口（2003））の索引に掲載されている2023語，絵本のデータは209冊の絵本に登場する707語，漫画のデータは，19冊のマンガに登場する1761語を使用する．

図8は，一般的な（つまり辞書に記載されている）オノマトペのそれぞれの型の占有率を，絵本ならびに漫画のものと比較対照したものである．

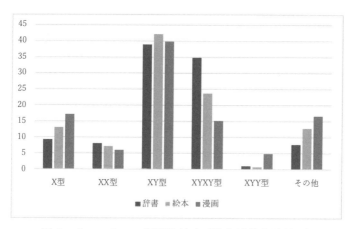

図8：オノマトペの語型比較表（辞書対絵本対漫画）

辞書，絵本，漫画すべてに共通している特徴としては，XY型が多いという点である．ただし，（6）に示す通り，その内訳をみると，3つに共通して多いのは，「ABッ」のみで，絵本と漫画で多用されている「AB」は辞書にはあまり登場しておらず，逆に，辞書に多く記載されている「ABリ」は絵本

---

[11] データは平川（2005）ならびに松本（2008）のものを使用する．

や漫画ではあまり登場していないなど，XY型の中でもそれぞれの頻度には違いがある．

(6) a. 辞書（788 語）
「AB ッ」（211 語，26.8%），「AB リ」（171 語，21.7%），「A ッ B リ」（133 語，16.9%），「AB ン」（111 語，14.1%），その他（162 語，20.5%）

b. 絵本（298 語）
「AB」（73 語，24.5 %），「AB ン」（58 語，19.5%），「AB ッ」（56 語，18.8%），「A ッ B リ」（28 語，9.4%），「AB ー ン」（18 語，6.0%），その他（65 語，21.8%）

c. 漫画（700 語）
「AB」（202 語，28.9%），「AB ッ」（202 語，28.9%），「AB ー」（65 語，9.3 %），「AB ン」（64 語，9.1%），「AB ー ン」（46 語，6.6%），その他（121 語，17.2%）

相違点としては，辞書が絵本と漫画に比べて XYXY 型が多く，逆に，絵本と漫画は辞書よりも X 型と，どの型にも属さない「その他」が多い．加えて，ABB 型ならびにその派生型から成る XYY 型は，全体的に辞書，絵本，漫画いずれも使用頻度はそれほど高くないが，漫画は残りの2つに比べてやや多く使用される傾向にあることが読み取れる．

　次節では，特に絵本と漫画の特徴的な型ともいえる X 型と，どの型にも属さない「その他」に分類されるオノマトペについてより詳しく取り上げてみることとする．

5.2. 絵本と漫画に多用される X 型

　辞書のオノマトペ 2023 語，絵本のオノマトペ 707 語，漫画のオノマトペ 1761 語の中で，X 型に含まれるオノマトペの数は，辞書が 190 語（9.39%），絵本が 93 語（13.15%），漫画が 302 語（17.15%）である．これら3つに登場する X 型の内訳を図 9 にまとめる．

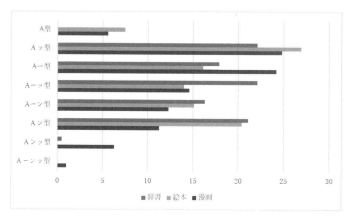

図9：辞書，漫画，絵本のX型の内訳

辞書，絵本，漫画すべてにおいて，もっとも多用されているのが「Aッ」，「Aー」，「Aーッ」，「Aン」，「Aーン」の語型である．逆に，辞書と漫画に登場する「Aンッ」は絵本では1つも用いられておらず，また，「Aーンッ」は漫画のみで用いられており，辞書や絵本には登場しない．さらに，絵本，漫画ともに「ふ」など1モーラの基本A型のオノマトペが一定数用いられているが，辞書には1つも記載がない点は一般的なオノマトペとの違いを顕著に表している特徴といえよう．

5.3.　「その他」のオノマトペ

　その他に含まれるオノマトペの数は，辞書159語（7.86％），絵本90語（12.73％），漫画295語（16.75％）である．辞書の中でもっとも多く観察された語型が「からころ」や「すいっちょ」などのABCD(E)型であるのに対し，絵本や漫画では「ぐるぐるぐる」や「とんとんとん」といった，繰り返しを含む表現が「その他」の中の上位を占めている点が大きな違いである．とりわけ絵本に登場する繰り返し表現を拾い出してみると，実にバラエティに富んでおり，(7)のようにまとめることができる．

(7) a.　AAA(AA) 型：ホホホ，ピピピピ，ルルルルル　など
　　 b.　AAA(AA)B 型：ささささっ，きゅきゅきゅきゅきゅきゅい　など
　　 c.　ABABAB(AB) 型：たったったっ，ぐるぐるぐるぐる　など

　　　d.　ABBB (BBBB) 型：うふふふ，ぐるるるるるる　　など

(7a–d) にある型のいずれかに属すオノマトペを合わせると 60 語（66.6%）となり，「その他」に分類されるものの 7 割近くが繰り返しの構造を有していることになる．スコウラップ（1993）によると，高い頻度でオノマトペが用いられる児童文学の特徴として，同じオノマトペがテキスト内に繰り返し使われるという．この周期的な繰り返しパターンが用いられる理由として，スコウラップは，子どもたちがそのオノマトペの存在を認識しやすいように，意図的に用いられていると述べている．絵本も，児童文学同様に，オノマトペの存在を認識しやすくするために，オノマトペ自体もしくはその一部の構造を繰り返し用いていると考えることができる．

5.4.　ことばとリズムを育む絵本の特徴

　本節では，「本と子どもの発達を考える会」が推薦していることばとリズムを育む絵本（以下「ことば絵本」）の分析を行う．特に，前節で取り上げた一般的な絵本との比較分析を行いながら，言語発達の初期段階に読み聞かせをすると効果的とされるこれらことば絵本の特徴に焦点を当ててみたい．

　分析対象となるのは，『読み聞かせで発達支援：絵本でひらく心とことば』(2020) で紹介されている以下の 8 冊である：『あ・あ』（絵本 1），『あー・あー』（絵本 2），『もこ　もこもこ』（絵本 3），『ごぶごぶ・ごぼごぼ』（絵本 4），『くっくくっく』（絵本 5），『じゃあじゃあ』（絵本 6），『おでかけバイバイ』（絵本 7），『みずちゃぽん』（絵本 8）．それぞれの絵本のオノマトペの延べ語数および異なり語数を表 6 にまとめる．

	絵本 1	絵本 2	絵本 3	絵本 4	絵本 5	絵本 6	絵本 7	絵本 8	合計
総語数	11	11	21	40	65	43	32	20	243
オノマトペ延べ語数	5	8	21	40	32	32	6	12	156
オノマトペ異なり語数	5	8	14	15	14	11	3	11	81
オノマトペ占有率	45.4%	72.7%	100%	100%	49.2%	74.4%	18.7%	60%	

表 6：絵本別オノマトペの比較

116

　表6の絵本は，いずれも「ことばとリズム」を育む絵本として推奨されているが，絵本7を除き，オノマトペ占有率が約半数もしくはそれ以上となっている点がまず特徴的である．特に，絵本3と4については，登場するすべての単語がオノマトペとなっている．とりわけ言語発達の初期段階では，子どもにとって絵本は自身で読むというよりも，読み聞かせてもらうものなので，オノマトペの持つリズミカルな響きがことばに興味を持たせる上で効果的なのかもしれない．

　次に，81種のオノマトペの形態に目を向けてみると，(8) のようにまとめることができる．

(8) a.　X型　　　　10
　　　　（A型3，A－型2，A－ン型4，Aッ型1）
　　b.　XX型　　　14
　　　　（AA型5，A－A－型8，AッA－型1）
　　c.　XY型　　　39
　　　　（AB型24，ABン型4，AB－ン型2，ABッ型1，AッB－
　　　　ン型1，AB－型5，AッB型1，AンB型1）
　　d.　XYXY型　　5
　　　　（ABAB型4，ABAB－型1）
　　e.　上記以外の型（その他）　13

この結果を一般的な絵本と比較してみると，図10のようになる．

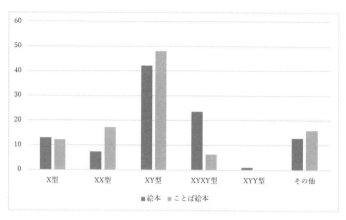

図 10：一般の絵本とことば絵本の占有率の比較

一般の絵本と比べると，ことば絵本は「XX 型」が多く，逆に「XYXY 型」が少ないことがわかる．一般の絵本よりも「XX 型」が多く，「XYXY 型」が極端に少ないのは，同じ構造の繰り返しから成る短いオノマトペを多用し，幼児が音やリズムをより体得しやすいような工夫の現れとして捉えることができる．また，ことば絵本の場合，それぞれの型の基本型（つまりオノマトペ標識が付加されていない「A」，「AA」，「AB」，「ABAB」）の 4 種の語型で全体の 44.4%（36/81）を占めている点も一般の絵本とは異なる特徴といえる．

　ここで，(8e) に含まれる 13 種のオノマトペの語型に着目してみよう．(7) の型に基づいて整理すると，(9) のように整理することができる．

(9)　a.　AAAB 型：ざざざあー
　　　b.　ABABAB 型：もこもこもこ
　　　c.　ABBB 型：ぐるるるるるるる，とれれれれれれ，
　　　d.　ABBC 型：しょぼぼぼー
　　　e.　ABC(D) 型：ぽろり，おっぺけ，ひゃらりこ，ちゃっくり
　　　f.　その他：コケコッコー（ABA ッ A ー），ペッチョパッチョ（A ッ BC ッ B），でんこぶんこ（A ン BC ン B），ずんたどん（A ン BC ン）

(9a)，(9c) および (9d) のように，オノマトペの前半や後半の要素などの一部を繰り返す，あるいは，(9b) のように AB を繰り返す型がある一方，特筆すべきは，構成要素がすべて異なる ABC(D) 型や，造語的オノマトペが比較的多く含まれている点である．同じ ABC(D) 型でも，一般の絵本に登場するのは「ぽろり」など，日常的にもよく用いられる表現が多いのに対し，ことば絵本に登場するこの型には，「おっぺけ」，「はらりこ」，「ちゃっくり」などの造語的なオノマトペが目立つ．ある構造の繰り返しを多用することが，日本語の音韻構造を意識しやすくするための工夫だとするならば，「ひゃらりこ」や「ペッチョパッチョ」など，より複雑な言語構造を有するオノマトペを用いるのは，語感やリズムを楽しませるための工夫なのかもしれない．

6. むすび

　一般的に音と意味は直接的な結びつきはないとされている．しかし，「音ことば」とも称されるオノマトペの場合は，その構成音が意味と密接な関係にある．このように音と意味が強く結びついていることで，オノマトペはそれぞれに高い類像性を持ち，このことが言語発達途上にある幼児にとっても意味を直感的に捉えやすくする上で効果的であると考えられる．絵本で多用されるのも頷ける．

　一口にオノマトペといっても，さまざまなオノマトペが存在する．絵本に登場するオノマトペは一般的なものよりも短く，また繰り返しの型が多用される傾向にあることが明らかになった．特に言語発達の初期段階を意識したことば絵本に，この傾向が顕著にみられた．絵本でオノマトペが多用されるのは，子どもたちにとっては直感的に意味が捉えやすいという特徴に加え，おそらくモーラ単位でのことばの操作が行いやすいということも関係しているように思われる．

　絵本は単に子どもたちを楽しませるだけではなく，言語発達を促すためのさまざまな工夫もなされているようだ．いろいろな言語の絵本を「語学教材」の視点から捉えなおすときっとおもしろい知見が得られるのではないだろうか．

第5章

音韻論と言語障害学のインターフェイス
― 言語理論から見た構音獲得と構音障害 ―*

上田　功（名古屋外国語大学）

1. はじめに

　幼児は言語発達段階で，多くの音の逸脱を見せる．目標音が他の音に置き換わったり，脱落したり，また別の音が加わったりする．そして発達に従って，このような音逸脱は少なくなっていき，やがて成人の音韻体系を獲得する．また，このような音逸脱が学齢までに治らず，定着してしまうこともある．これを機能性構音障害と呼ぶ．このように幼児は逸脱を経験しながら，音韻を獲得していくのであるが，この背後には，どのようなメカニズムが隠されているのだろうか．また機能性構音障害とはどのように位置づけられる障害であろうか．本章ではこのような疑問に対して，音韻理論がどのような答えを与えてくれるかを論じる．より具体的には，正常発達児や機能性構音障害児に見られる音逸脱を，現在の臨床現場で最もよく用いられているプロセス分析に言及しながら，制約という概念に基づく音韻理論から説明しつつ，音逸脱の原因にアプローチしたい．また臨床現場では，ともすれば例外とされる症例をも含めて，音逸脱が示す多様性について，音韻理論に依れば，適切に記述・説明が可能であることを論じる．最後に一般的な傾向はあ

　＊ 本稿を執筆するにあたって，大西環，栗林明子，菅原真理子，田中真一，松井理直，都田青子，以上の方々から，様々なご助言を頂戴した．記してお礼を申し上げる．また本章はシリーズのタイトルである「インターフェイス」を意識し，特に音声臨床にたずさわる読者を想定して，音韻論のテクニカルな記述や形式化を犠牲にした部分があることをお断りしておきたい．

るものの，常に例外があり，これまで合理的に説明できなかった，音獲得の
順序を明らかにしたい．以上が議論の中心となる．

2. 言語発達期の音逸脱の性格

2.1. 機能性構音障害

　音韻の発達段階で，幼児には多くの音逸脱が見られるが，これが発達に
伴って自然に正しい目標音に変化しない場合，これを構音障害と呼ぶ．構音
障害はそれが起こる原因によって分類される．例えば口蓋裂のように，構音
器官に形態的・機能的な異常があるものを，器質的構音障害という．また中
枢から末梢にいたる筋肉や神経に異常がある場合，これを運動障害性構音障
害という．機能性構音障害はこれらのような明らかな原因がないのにもかか
わらず正常音の獲得が見られないタイプである．機能性構音障害は純然たる
言語発達に関わる問題で，発達段階で獲得を妨げる何らかの問題に起因する
ものと考えられている．可能性のある要因としては，調音器官の運動能力，
音弁別能力，聴覚的記銘力，言語環境などがあげられているが（加藤・竹下・
大伴（2012）），決定的な要因はわかっていない．この点で，音韻論の貢献が
期待できる所以である．

2.2. 音韻プロセス

　次の幼児の発話を観てみよう．なお「アウトプット」は幼児の実際の発音
を，「目標語」は成人の（それ故正しい）発音を表す．

(1)　Case 1　データセット1

アウトプット	目標語	意味
oba:ʃaɴ	oba:saɴ	おばあさん
ʃaɴ	saɴ	三
ʃempɯ:ki	sempɯ:ki	扇風機
ʃenʃe:	sense:	先生
ʃiŋkanʃeɴ	ʃiŋkansen	新幹線

(1) では，目標のサ行音がすべて「シャ」と発音されている．このような音
置換は，正常発達児の獲得段階でもよく観察される．また機能性構音障害に

もよく見られるパターンである．しかしながら，サ行音が発音できないのならば，代替できる音は他にも多くあるはずである．それにもかかわらず，すべてのサ行音が「シャ」で置換されている．すなわち，サ行音はランダムに他の音で代替されるのではなく，規則的に「シャ」で代替される．この規則性を説明せねばならない．

　さて，臨床現場では，音逸脱を「音韻プロセス」と呼び，これを記述・説明するために，音韻プロセス分析（以下，プロセス分析と略す）と呼ばれる記述方法が広く用いられている．（1）の音韻プロセスは次のように表される．

　　(2)　(1) の音韻プロセス
　　　　　[s]　→　[ʃ]

元々プロセス分析は，Stampe（1973）が提唱した自然音韻論を基盤とするものである．自然音韻論では，幼児にとって調音が困難な音や音連続は，よりやさしい音や音連続で置き換えられる．これを音韻プロセスと呼んだ．自然音韻論において音韻獲得は，この音韻プロセスを抑圧していく過程と考えられた．(2) は，この幼児にとって，[s] の調音が困難であるために，より容易な音 [ʃ] で置き換えることを意味している．実際，伊藤（1988）は，[s] は緊張音であり，より生理的に楽な弛緩音の [ʃ] に置き換えられる傾向があると論じている．いずれにせよ，(1) に見られる規則性は，この幼児の音韻体系には (2) の音韻プロセスが内在しているということに起因する訳である．臨床向けのプロセス分析に関しては，Hodson（1980），Lancaster（2008），Shriberg and Kwiatkowski（1980），Weiner（1979）等を参照されたい．

2.3.　プロセス分析の問題点と弁別素性

　さて，臨床現場では，プロセス分析を幼児の音韻システムの理論的な検討に用いているわけではなく，あくまでも誤りの方向性を示し，調音訓練の指針にしているにすぎない場合が多い．ここで音韻論からプロセス分析を検討してみよう．次に同じ幼児の別のデータセットを挙げる．

122

(3) Case 1　データセット 2
　　　アウトプット　　目標語　　意味
　　　miʑɯ　　　　　mizɯ　　　水
　　　kaʑe　　　　　kaze　　　　風
　　　tʃiʑɯ　　　　　tʃizɯ　　　地図

(3) ではザ行音 [z] が [ʒ] と発音されている.[1] これを説明する音韻プロセス
は次のようになろう.

(4)　(3) の音置換を引き起こす音韻プロセス
　　　[z]　→　[ʒ]

そして分析結果として, (2) と (4) が並列されて (5) のように記述される.

(5)　(1) と (3) の分析結果
　　　[s]　→　[ʃ]
　　　[z]　→　[ʒ]

(5) はこの幼児の音韻体系に 2 つの音韻プロセスが独立して存在することを
意味する. ところが事実はそうではない. この現象は 2 つの音が個別に置
換されるのではなく, 歯茎摩擦音が後部歯茎摩擦音に置換されるということ
で, 有声無声の区別は関係ない. 要するに子音の調音位置の問題なのであ
る. これらは別々ではなく, ひとつの音韻現象である.

　ここで, Chomsky and Halle (1968) に集大成され, その後の発展の出発
点となった, 弁別素性理論に基づいてこの問題を考えてみよう. この伝統的
(あるいは古典的) 弁別素性体系において, [s] と [z] は, [＋子音性, −共
鳴性, ＋継続性, ＋舌頂性, ＋前方性, −高舌性, ＋粗擦性] と指定される.
両音はこれらの素性の集合体と考えることができる. これに対して [ʃ] と
[ʒ] は, [＋子音性, −共鳴性, ＋継続性, ＋舌頂性, −前方性, ＋高舌性,
＋粗擦性] と指定される. さて, この指定で, [s] と [z] と [ʃ] と [ʒ] は, 前
者が [＋前方性, −高舌性] で後者が [−前方性, ＋高舌性] であるので,

---

[1] 現実には, ザ行音は摩擦音と破擦音が自由変異の関係で現れる. 本児の場合もそれぞ
れ [z] は [dz] と [ʒ] は [dʒ] とが, 自由変異音として観察された. データセットでは読者の
理解を容易ならしめるため, 検査時に観察された一方のみを記載している.

この 2 つの性質のみで異なっているといえる．要するに，前者は調音位置が前で，舌全体が（中立位置から）高い位置にはなく，後者は逆に調音位置は後ろで，舌全体は高い位置にあるということである．(5) を弁別素性を用いて記述してみると，次のようになる．

(6)　弁別素性を用いた (5) の記述
　　　[＋子音性，－共鳴性，＋継続性，＋舌頂性，＋前方性，－高舌性，＋粗擦性]→[－前方性，＋高舌性]

これによって，(5) はひとつの音韻現象として捉えることができる訳である．さらに同じ幼児の別のデータを見てみよう．

(7)　Case 1　データセット 3

アウトプット	目標語	意味
aʧɯi	atsɯi	暑い
do:bɯʧɯeɴ	do:bɯtsɯeɴ	動物園
kɯʧɯ	kɯtsɯ	靴
ʤɯboɴ	ʣɯboɴ	ズボン
ʤaɾɯ	ʣaɾɯ	ざる

このデータセットでは，タ行音の [ts] が [ʧ] に，ダ行音の [ʣ] が [ʤ] に，それぞれ置換されている．これらは破擦音であるが，やはり歯茎音が後部歯茎音に置換されている．これをプロセス分析で記述すると，次のようになる．

(8)　(7) の音韻プロセス
　　　[ts]　→　[ʧ]
　　　[ʣ]　→　[ʤ]

これもデータセット 1 や 2 と同様，声帯振動の有無が本質的な問題ではなく，調音位置の違いであると考えられる．これを上に倣って，別個の音韻プロセスではなく，弁別素性で記述することにする．破擦音 [ts] と [ʣ] の素性表記は [＋子音性，－共鳴性，－継続性，＋漸次開放性，＋舌頂性，＋前方性，－高舌性，＋粗擦性] であり，[ʧ] と [ʤ] の表記は [＋子音性，－共鳴性，－継続性，＋漸次開放性，＋舌頂性，－前方性，＋高舌性，＋粗擦性] であることから，(9) のように記述することができる．

124

(9) データセット 3 の記述

[＋子音性，－共鳴性，－継続性，＋漸次開放性，＋舌頂性，＋前
方性，－高舌性，＋粗擦性] → [－前方性，＋高舌性]

ここでは，[漸次開放性] という素性が加わるが，これは呼気の声道内の閉
鎖の後，瞬時の解放を伴うか，比較的ゆっくりとした解放を伴うかを決定す
る素性である．破裂音はマイナスの，破擦音はプラスの指定を受ける．これ
を (6) と比較してみると，[＋子音性]，[－共鳴性]，[＋舌頂性][＋粗擦
性] が共通していることがわかる．すなわち，(9) の意味するところは，阻
害歯擦音で舌頂性があり粗擦性を有する音類では，前方性があり，舌体が高
くない音は，調音位置が後方で，舌体が高い音に置換されるということであ
る．これを音韻プロセスで表すと，(10) のように4つの独立したプロセス
を設定せねばならない．

(10) データセット 1，2，3 のためのプロセス

[s] → [ʃ]
[z] → [ʒ]
[ts] → [tʃ]
[dz] → [dʒ]

繰り返しになるが，ここでの問題は4つの音韻プロセスではなく，これら
に共通する要因なのである．ここで取り上げた問題は，音韻論では一般化に
ついての問題である．理論言語学では，現象の記述は，一般的であるほどす
ぐれた記述であるとされるが，それではこの幼児の音逸脱の本質は何か．そ
れは言うまでもなく，これらの音類の置換によって起こる調音位置の変化で
ある．歯茎音が後部歯茎音に置換されると調音位置は後方に，そして舌体は
高くなる．これは調音位置が後方に移動したとも考えられるし，高くなる，
すなわち口蓋化が起こったとも見なすことができる．（実際，プロセス分析
では，前者をとって後方化（backing）と呼ぶ研究者もいれば，後者を考慮
して口蓋化（palatalization）と呼ぶ者もいる．）(10) のように音韻プロセス
を並列させただけでは，単に異なった発音記号を8つあげたにすぎないが，
弁別素性を用いると，[前方性] と [高舌性] という音韻素性の変化として明

示的にとらえることができるのである.[2] それでは臨床面に関してはどうだ
ろうか. 言語聴覚士が構音訓練をおこなう場合, 個別の音ではなく, それら
の音が持つ粗擦性に注目しつつ, 目標音の前後の狭窄の位置や舌体の高さの
調節に関して集中的に訓練を施すことで, 結果的に訓練に費やす総時間を短
縮して, よりよい効果を上げることが期待できよう.

3.　構音障害の多様性

3.1.　複数の音韻プロセス

　前節ではサ行音・ザ行音に見られる一般的な音置換の中のひとつのタイプ
を論じた. サ行音を含む歯擦音は音韻獲得でも逸脱が広く見られ, 獲得が遅
れる音である. この音逸脱をサ行音不全 (sigmatism) とよぶ. 上では目標
のサ行音が口蓋化・後方化する事例を見たが, 置換はこのパターンに限られ
るわけではない. 次の (11) を見てみよう.

(11)　Case 2　閉鎖音化

アウトプット	目標語	意味
oba:taɴ	oba:saɴ	おばあさん
taɴ	saɴ	三
tempɯ:ki	sempɯ:ki	扇風機
tente:	sense:	先生
ʧiŋkanteɴ	ʃiŋkanseɴ	新幹線
midɯ	mizɯ	水
kade	kaze	風

本事例では, 目標のサ行音・ザ行音が, 同一調音位置の破裂音に置き換えら
れている. これも非常に一般的な逸脱のパターンであり, 松本 (1982) では

---

　[2] ここで用いた伝統的素性体系では, [漸次開放性] によって破裂音を除外せねばならな
かったが, その後に発展した非線状音韻論では破擦音は時間軸上の 1 つの分節音が占める
位置に, 2 つの素性が結びついたものと位置づけられる. この場合はひとつのタイミングス
ロットに, [−継続性], [＋継続性] が順に結びつき破擦音となる. もちろん問題となるの
は, 閉鎖解放後の摩擦, すなわち [＋継続性] の部分であり, これが (5) の摩擦音と共通
の音韻特徴である粗擦性を有するわけである.

126

179 名の幼児を検査して，このパターンの事例の数が口蓋化・後方化と同じくらいあったことを報告している．これをプロセス分析では，閉鎖音化（stopping）と呼んでいる．

(12) (11) の音韻プロセス（閉鎖音化）
[s] → [t]
[z] → [d]

この音韻プロセスの根拠は，摩擦音は触覚的フィードバック情報が少ないため，調音上のコントロールがより容易な破裂音に置換されるというものである．ところがここで疑問が生じてくる．もし口蓋化や後方化という音韻プロセスが，調音動作が困難な音を，より容易な音に置換する<u>自然なもの</u>であり，またこの閉鎖音化も同様に，調音活動を容易ならしめる<u>自然な</u>音韻プロセスであるのならば，どのような理由で，ある幼児には口蓋化・後方化が存在し，また別の幼児には閉鎖音化が存在するのであろうか．本来音韻プロセスとは，生得的に幼児の音韻体系に内在するものであった．またどちらも自然なプロセスであると認めるとしても，なぜ幼児によって内在するプロセスが異なるのであろうか．このような幼児ごとに観察される音置換のヴァリエーションは，どのように考えれば説明ができるのであろうか．

3.2. 相反する音韻プロセス
さて，次に獲得が遅く逸脱がよく見られる，カ行音とガ行音の事例を観察してみよう．

(13) Case 3

アウトプット	目標語	意味
mitaɴ	mikaɴ	みかん
potetto	poketto	ポケット
taito	taiko	太鼓
tote:	toke:	時計
damɯ	gamɯ	ガム
dohaɴ	gohaɴ	ごはん
dentaɴ	geŋkaɴ	玄関

　　　taʒi　　　　　　　kaŋi　　　鍵

このデータでは，目標のカ行音とガ行音が，それぞれタ行音とダ行音に置換されている．このように軟口蓋音に関わる音逸脱を，カ行音不全（kappasism）と呼ぶが，プロセス分析では，このように軟口蓋の調音位置が歯茎もしくは後部歯茎に変化する音韻プロセスを前方化もしくは前方移動（fronting）と呼んでいる．

(14)　(13) の音韻プロセス（前方化）
　　　[k]　→　[t]
　　　[g]　→　[d]

さて，(14) のような置換は，一般的に獲得の比較的前期に多くの幼児に観察されるが（中西 (1972)），症例数こそ及ばないものの，(15) のように，これとは逆に歯茎音・後部歯茎音の調音位置が軟口蓋に移動する事例も存在する（西村 (1979)）．

(15)　Case 4（上田 (2008)）

アウトプット	目標語	意味
kamaŋo	tamaŋo	タマゴ
kiba	tʃiba	千葉
maŋo	mado	窓
gemwa	denwa	電話

(15) の置換を説明する音韻プロセスは次のようになろう．

(16)　(15) の音韻プロセス（後方化）
　　　[t]　→　[k]
　　　[d]　→　[g]

(14) と (16) はまったく逆の音韻プロセスである．元々 Stampe (1973) の自然音韻論では，音韻プロセスとは，調音が困難な音や音連続を幼児がよりやさしい音や音連続で置き換えるものであった．また伊藤 (1988) も，[s] は緊張音であるので，より生理的に楽な弛緩音の [ʃ] に置き換えられると論じていた．Case 3 と Case 4 のように，同じ日本語の母語話者間で，調音が

128

困難な音類が真逆であったり，生理的に楽な音類が反対になることは，一種の矛盾であり，プロセス分析では説明しがたいと考えられる.[3]

3.3.　言語間の相違

前節で指摘したプロセスの矛盾は，日本語以外の言語でも観察できる.上で歯茎歯擦音が後部歯茎歯擦音に置換される口蓋化をみたが，ここでは，Stoel-Gammon and Dunn（1985）に報告されている，歯擦音類が関係する英語の発達に見られる音逸脱を観察してみよう.

(17)　Case 4　英語の脱口蓋化

アウトプット	目標語	意味
sɪp	ʃɪp	ship
su	ʃu	shoe
fɪs	fɪʃ	fish
tsɪn	tʃɪn	chin
wats	watʃ	watch
dzar	dʒar	jar

(17)では，後部歯茎歯擦音が歯茎歯擦音に置換されている.これは英語の獲得期によく見られる置換であり，「fis現象」としてよく知られている（Berko and Brown（1960）).[4]　さて，日英語の歯茎音と後部歯茎音の微妙な調音位置の違いはあるものの，口蓋音と非口蓋音の調音の容易さや生理的な難易度が逆になることはにわかには信じがたい.[5]　なお，英語の音韻発達段階で，後部歯茎歯擦音が歯茎歯擦音に置換されるのは，非常に一般的な現象で，Edwards and Shriberg（1983）では脱口蓋化（depalatalization）として，出現頻度の高い音韻プロセスにリストアップされている.

2節と3節では，現在最もよく用いられているプロセス分析が，理論的に

---

[3]　西村（1979）も，頻度の多い置換タイプにばかり注目すると，少数ではあるがそれに当てはまらない症例が，かき消されてしまう恐れがあると，臨床現場に対して警告している.
[4]　もっとも Berko and Brown（1960）の「fis現象」は置換現象そのものではなく，産出の区別よりも，聴覚的弁別が先に獲得されるという聴覚と産出のギャップを論ずるものである.
[5]　厳密には日本語の「シャ」は調音点が少し後退する歯茎口蓋音である（斎藤（1997)).

問題があること，そして臨床的にも音逸脱の分析に不十分であることを論じた．次節では音逸脱が見られる時期から，これが収まり正常音が獲得された段階への変化について考えてみよう．

4.　音逸脱の多様性—2 つのレベル

ここで Case 1 の幼児が正常な音を獲得した時期のデータを観察してみよう．次の (18) では，上記のデータセットの音逸脱がもはや見られない．[6]

(18)　Case 1　正常音獲得後 1

逸脱時	獲得後	意味
obaːʃaɴ	obaːsaɴ	おばあさん
ʃaɴ	saɴ	三
ʃempɯːki	sempɯːki	扇風機
ʃenʃeː	senseː	先生
ʃiŋkanʃeɴ	ʃiŋkanseɴ	新幹線
miʒɯ	mizɯ	水
kaʒe	kaze	風
ʧiʒɯ	ʧizɯ	地図
aʧɯi	atsɯi	暑い
doːbɯʧɯeɴ	doːbɯtsɯeɴ	動物園
kɯʧɯ	kɯtsɯ	靴
ʤɯboɴ	ʣɯboɴ	ズボン
ʤarɯ	ʣarɯ	ざる

この時期には正常音が獲得されている．これを，臨床現場では，しばしば [ʃ] [ʒ] [ʧ] [ʤ]（歯擦後部歯茎音）を [s] [z] [ts] [ʣ]（歯擦歯茎音）で発音す

---

[6] 松本 (1982) は 179 名の幼児のサ行音逸脱の変化を調べ，リ行音を含むのべ 537 音節の変化を見た．初回検査時の誤りは [ʃ] への置換が最も多く 48 音節あり，[t] が 40 音節とこれに続いた．年齢で見ると，[ʃ] から [s] への変化は，4，5 歳から 6 歳くらいまでに完了するのではないかと述べられている．ザ行音に関しては，383 音節の 1 年間の経過観察しかできなかったとし，初回検査時の 142 音節の逸脱のうち，115 が [ʤ] であり，大半を占めていた．1 年後の検査時には，これが 35 音節に減少している．

ることを覚えたと説明することが多い．しかしながら，同じ子どもの同時期
（獲得終了時期）の他の語を見てみよう．

(19)　Case 1　正常音獲得後 2
　　　アウトプット　　意味
　　　denʃa　　　　　電車
　　　omanʒɯ:　　　おまんじゅう
　　　iʧiŋo　　　　　いちご
　　　ʤamɯ　　　　ジャム

ここでは本来の後部歯茎音が発音されている．もしこの幼児が歯擦後部歯茎
音を対応する歯擦歯茎音で置き換えることを覚えた（すなわち獲得した）な
らば，なぜすべての歯擦後部歯茎音が歯擦歯茎音に変わらないのであろう
か．これを説明するためには，本来の後部歯茎歯擦音 [ʃ] [ʒ] [ʧ] [ʤ] と，歯
茎歯擦音の代替となった後部歯茎摩擦音は，この幼児の音韻システム内で何
らかの点において異なったものであると考えざるをえない．

(20)　2 種類の [ʃ]
　　　oba:ʃaɴ　　おばあさん
　　　denʃa　　　電車

例えば，(20) の 2 つの語に含まれる [ʃ] は，幼児の音韻システムのなかで，
異なったステイタスを持つということである．つまり，前者「おばあさん」
ではサ行音であるにもかかわらず，何らかの問題でこれが発音できずに [ʃ]
になったもので，後者「電車」では，もともと [ʃ] であったものがそのまま
発音された [ʃ] である．現代の音韻論では，話者の音韻知識を，表層で発音
に現れるレベルを，アウトプット型，より深いところにあって，話者がその
音であると認識しているレベルをインプット型という．上の (18) において
は，インプット型は [s] であり，それが何らかの理由で形を変えて [ʃ] とい
うアウトプット型として現れている．それに対して (19) ではそもそもイン
プット型は [ʃ] であり，それが変化せずに同じアウトプット型の [ʃ] として
表面に現れている．すなわち，幼児の音逸脱は，幼児のインプット型とアウ
トプット型，そしてその両者を結びつける規則が問題となるのである．これ
らを用いて，音韻プロセスで (20) の違いを表すならば，次の (21) のよう

になる．これまで音声記号として［　］のみを用いてきたが，2つのレベル
を区別して，アウトプット型に［　］を使い，インプット型には／　／を用
いることにする．

(21)　2種類のレベルの表示
　　　/oba:saN/　→　[oba:ʃaN]
　　　/denʃa/　　→　[denʃa]

(21) の2語の違いは大きな問題を含んでいる．すなわち，表面的には同じ
音であっても，音韻知識の深層では，異なっている場合があるという点であ
る．プロセス分析では，アプリオリにインプット型を必ず大人の発音する形
（それゆえ正しい形）と見なし，動的な音韻プロセスのみに依拠して音逸脱
を説明してきた．すなわちインプットは常に正しく，逸脱発音は音韻プロセ
スによってのみ発生すると主張している．これはあくまでも仮説であり，検
証された事実ではない．また内在するインプット型に大人の表面的な発音が
マッピングされるというのも疑問を感じるところである．もし幼児がイン
プット型を誤って獲得していたらどうなるだろうか．音韻プロセスは存在せ
ず，(22) のように誤ったインプット型がそのままアウトプット型として表
層に現れることになる．[7]

(22)　音韻プロセスが介在しない具現化
　　　/oba:ʃaN/　→　[oba:ʃaN]

(21) と (22) を比較すると，表面的には [oba:ʃaN] と発音される逸脱も，タ
イプが異なることがわかる．(21) では，幼児がすでに正しいインプット型
を知っているのに対して，(22) では，そもそも /oba:ʃaN/ の /ʃ/ が /s/ であ
ることを学ばねばならない．当然のことながら，臨床現場での検査や構音訓
練も異なったものでなければならない．すなわち，臨床では，音逸脱に関し
て，正常なインプット型を獲得しているか否かも注意せねばならないという
ことになる．ここでは臨床現場の利用の現状を考えて，プロセス分析を論じ

---

[7] (21) の矢印はいささか誤解を招く．初期の生成音韻論ならば，規則の空転的適用とい
う考え方があったが，プロセス分析にはそのようなものはないので，このケースでは，単
に動的プロセスが存在しないということになる．

132

ているが，事情は初期の生成音韻論でも同じであった．弁別素性で表記はな
されているが，矢印の左側には，常に大人の発音が音韻表示として書かれて
いた．[8] さて，それではこれまでに指摘した音逸脱に関わる問題点を解決し，
音韻獲得を合理的に説明するにはどのように考えればよいかを次節から論じ
ていく．

5.　制約に基づく分析

5.1.　制約という考え方

　これまで，音韻知識には 2 つのレベルがあることを論じた．より深いレ
ベルのインプットレベルと表面の発音に近いアウトプットレベルである．
今，日本語の [kippɯ] の最初の音節の母音 [i] を例にとって考えてみよう．
われわれの音韻知識の深層では，k-i-pp-ɯ という音連続が「切符」という意
味に結びついていることを知っている．すなわち音韻知識のより深い表示で
あるインプット型は /kippɯ/ となっている訳である．これが，k-a や k-o
になると [kappɯ] や [koppɯ] になってしまい，異なった意味に結びつくこ
とを知っているのである．[9] このようにインプットにある /i/ を，[a] や [o]
ではなく，そのまま [i] としてアウトプットに具現化せよという力が働くこ
とになる．表現を変えると，インプット型を変えることなしにアウトプット
型に出力せねばならないという「制約」が働くのである．これを忠実性制約
と呼ぶ．関西の方言などでは，アウトプット型はこの制約にしたがって，
[kippɯ] と具現化する．これに対して関東等の方言では，最初の母音は無声
化して，[i̥] となる．これは前後を無声阻害音に挟まれているために，声帯
振動が妨げられるのである．このような音環境で，声帯を振動させたり止め
たりすることは調音活動にとっては負担となるので，母音を無声化して無声
状態を続ける方がより経済的で，ことばを換えれば，無標であると考えられ
る．このようにアウトプットに有標なものの出現を禁ずる制約を有標性制約
という．この制約は無声音に挟まれた有声音に同化を促進する制約である．

---

[8] 音韻表示，音声標示，動的音韻規則の三者の正常，逸脱をめぐるタイポロジーについ
て詳しくは，上田 (2013) を参照．
[9] ここでは説明を容易ならしめるために，促音の表示やアクセントについては考えない
ことにする．

さて，制約は言語に数多く存在するが，これらはランクを成している．この事例のインプット型である /kippɯ/ がアウトプットに [kippɯ] として表示される場合，忠実性制約が同化を促進する有標性制約の上位にランクされたと考える．これを >> を用いて，次のように表す．

　(23)　[kippɯ] として現れる場合のランキング
　　　　忠実性制約　　>>　　有標性制約

これとは逆に，無声音同化が起こり，アウトプットに無標な無声母音が出現する場合，(24) のように有標性制約が忠実性制約より上位にランクされているのである．

　(24)　[ki̥ppɯ] として現れる場合のランキング
　　　　有標性制約　　>>　　忠実性制約

すなわちどのような形態が表層に現れるかは，ランキングによって決定されるわけである．

5.2.　制約による音逸脱の説明

　本節では，制約という概念を用いて，言語発達期の音逸脱や構音障害を考えていく．最初は Case 1 の歯茎歯擦音が後部歯茎歯擦音に置換される音逸脱である．これは結果として誤った音が出力されているので，忠実性制約より上位に有標性制約がランクされていることがわかる．さて，Ladefoged and Johnson (2006) では，調音活動で，舌頂は唇，歯間，歯，歯茎，後部歯茎をカバーせねばならず，また歯擦音は音響的に高い周波数域にエネルギーがあり，産出時にインテンシティーが小さな音類であり，聴覚から産出へのマッピングが不安定であると述べられている．これを考慮すれば，産出時に微妙なコントロールが難しい音類であることは間違いなかろう．このようなことから，音韻体系によって，調音が歯茎位置でなされる場合と，後部歯茎でなされる場合の選択の違いが生まれると考えてもよかろう．ここでは後者，すなわち後部歯茎音が好まれている．この制約を次のように表しておこう．

(25)　後部歯茎音の出現を促進する制約
　　　歯擦音は舌頂後部と後部歯茎での調音が好まれる.[10]

この制約は成人や正常発達児の音韻体系では,忠実性制約の下位にランクされているので,インプットの正しい形が現れる.[11]

　さて,上で音韻発達が進み,正常音が獲得された状態について述べた.そこでは本来の歯茎破擦音の代用として現れた [obaːʃaɴ] に見られる後部歯茎音はすべて [obaːsaɴ] のように正しい歯茎音に変化するの対して,[denʃa] のように,本来後部歯茎音であったものは [densa] には変化しないことを指摘した.もし獲得段階で,後部歯茎音を歯茎音で置き換えることを覚えたならば,なぜすべての後部歯茎音が歯茎音に変わらないのであろうかと問いを投げかけて,これを説明するためには,本来の後部歯茎歯擦音 [ʃ] [ʒ] [ʧ] [ʤ] と,歯茎歯擦音の代替となった後部歯茎歯擦音は,この幼児の音韻システムの中で異なったものであると考えざるをえないと仮説を提示した.これを制約のランキングから考えるとすると,本来 [obaːʃaɴ] のインプット表示は歯茎音 /obaːsaɴ/ であり,これを出力すべきところ,初期の段階では,有標性制約 (25) が忠実性制約の上位にランクされているため,後部歯茎音として出現する.そして獲得が進むにつれて,有標性制約のランキングが下がり,忠実性制約と逆転した時に,本来のインプットである歯茎音が現れるのである.これに対して,[denʃa] は元々インプットが後部歯茎音 /denʃa/ であり,ランキングも忠実性制約が有標性制約の上位にランクされており,獲得が進行してもその順序は変化しなかったので,アウトプット型も同じで

---

　[10] 臨床での視覚的観察では,後部歯茎音の調音の場合,歯茎音に見られる舌先部の上昇は見られず,舌の中央寄りが挙上して口蓋に近づき狭めを作るという(加藤・竹下・大伴 (2012)).また松井理直氏によれば,口蓋化／後方化の原因は生理的な問題であり,このタイプの音逸脱の特徴として,舌全体の緊張度が非常に高く,舌頂を挙上させる時に,舌体全体が持ち上がってしまい,結果として口腔空間が広い歯茎部分より,狭い硬口蓋付近に舌体が接触しやすくなる.また緊張の結果,中線上の溝はできずに逆に中央部が舌縁より持ち上がり,口蓋に舌中央部が接触しやすくなるという.ちなみに,伊藤 (1988) は,[s] は緊張音であり,より生理的に楽な弛緩音の [ʃ] に置き換えられると述べ得ているが,むしろ [s] を調音しようとして,舌を緊張させるので,[ʃ] になるということになる.いずれにせよ,この制約に関してはさらなる考察が必要である.
　[11] この制約を基盤とした考え方は,最適性理論 (Optimality Theory) に依拠している.ここで詳しく説明する余裕はないので,Prince and Smolensky (2003) 等を参照されたい.

あったという説明が可能である．このように発達に従って起こる音変化は，制約のランキングの変化として捉えることができるのである．特に獲得の初期にあっては，さまざまな有標性制約が上位にランクされるが，獲得が進むに従って，これらはランキングを下降して，忠実性制約の下位に下る．そして最終的に，正しいアウトプットが具現化するのである．

5.3. 複数のプロセスと相反するプロセス

(1)，(3)，(7) で論じた Case 1 は目標の歯茎歯擦音が後部歯茎音に置換される調音位置の変化であったが，(11) に挙げた Case 2 は，同じ調音位置の歯茎破裂音に変化する調音方法の変化である．こちらも発達期の音逸脱や機能性構音障害にはよく見られるタイプであるが，上記 (25) とは異なった有標性制約が働くと考えられる．一般に摩擦音は破裂音に比べて類型論的に有標であるとされる．特に幼児の場合，破裂音の接触による触覚的フィードバックは調音に関する重要な情報であり，接触無しに調音器官を微妙にコントロールして狭窄を作らねばならない摩擦音は相対的に産出が難しい．そこで次の制約を仮定する．

(26) 摩擦音を破裂音で代替する制約
    摩擦音を破裂音で置換せよ．

(26) が忠実性制約の上位にランクされていることにより，インプットが摩擦音であるサ行音 /oba:saɴ/ 等は，[oba:taɴ] のように，アウトプットでは同一調音位置の破裂音で現れる．獲得が進み，この (26) のランキングが低下して忠実性制約の下位にランクされると，この破裂音は本来の摩擦音によって取って代わられる．もちろんこの変化が起こるのは，インプットがサ行音である語のみであり，本来インプットの表示がタ行音である語に変化は起こらない．

サ行音の逸脱にはこれら2種類のよく見られる逸脱のタイプに加えて，数は少ないが，[θ] や [ts]，あるいは [tj] 等に置換される症例もある．これらはともすれば例外扱いされるのだが，これも別の有標性制約を仮定することによって説明が可能である．要するに子どもは独自の音韻体系をもち，有標性制約には一般的なものとそうでないものがあり，それが音逸脱の症例数の多寡を決定しているわけである．

136

また上であげた（14）の前方化と（16）の後方化は，相反するプロセスのように思える．

(27)（=（14））　前方化
    [k]　→　[t]
    [g]　→　[d]

(28)（=（16））　後方化
    [t]　→　[k]
    [d]　→　[g]

しかしながら，これも（27）については，破裂音の後方での調音を禁ずる制約，（28）には前方での調音を禁ずる制約が，忠実性制約より上位にランクされていると考えると，幼児によってどちらが上位にランクされているかによって，異なった具現化がなされていると考えられ，両タイプは個人的なヴァリエーションと見なしうるのである．

5.4.　言語間の違い

先に英語では，歯擦音の置換に関して，日本語とは逆に，後部歯茎音が歯茎音に置換することを述べた．（17）の具体例を再掲する．

(29)（=（17））　Case 4　英語の脱口蓋化
    アウトプット　目標語　意味
    sɪp　　　　　ʃɪp　　ship
    su　　　　　ʃu　　shoe
    fɪs　　　　　fɪʃ　　fish
    tsɪn　　　　tʃɪn　chin
    wats　　　watʃ　watch
    dzar　　　dʒar　jar

この両言語間の逆転現象も，制約によって説明することができる．日本語では歯擦音を後方で調音することを促進する有標性制約（25）が忠実性制約よりも高位にランクされているが，英語では反対に前部での調音を促す（30）のような有標性制約が高位にランクされている結果であると考えることがで

きる.

(30)　歯茎音の出現を促進する制約
　　　歯擦音は舌頂前部と歯茎での調音が好まれる.

つまり日本語と英語の歯擦音の置換の違いは，制約のランキングの違いとして捉えられるわけである．ここで注意せねばならない点は，(25)(30)どちらの有標性制約も，両言語に存在しうるという点である．ただ日本語においては (30) が，英語においては (25) が，制約のランキングにおいて低位にランクされているため，それぞれ，日本語では後部歯茎→歯茎，英語では歯茎→後部歯茎という音置換は起こらない訳である．有標性制約は，音声学的な裏付けがあることが望ましいが，制約を基盤とする考え方では，理論的にあらゆる制約が可能であり，具現化しない制約はランキングの下位にあるとされるのである．このように考えたとき，機能性構音障害で非常にめずらしいとされる事例も，他のほとんどの幼児では下記にランクされている有標性制約が，上位にランクされたためであると説明できる.

5.5.　プロセスが抑圧されていくという考え方と制約

　本節以下では，制約に基づいて音韻獲得を考えたとき，これまでに議論されてきた問題がどのように再解釈ができるのかを論じることとする．最初は目標音が獲得される直前の段階を考える．次の (31) を見られたい.

(31)　Case 5　英語有声破裂音の随意的脱落（上出 (2013)）

アウトプット	目標語	意味
nobʌi	nobʌdi	nobody
waɪ	ræbɪt	rabbit
dai / dagi	dagi	doggie
bɛi / bɛjbi	beɪbi	baby

(31) は少々説明を要する．最初の2例では検査時に [d] と [b] が脱落している．3番目と4番目の例は，目標語のなかの [g] と [b] が，脱落したり，正常に調音されたりすることを示している．このように目標音がある時には逸脱したり，ある時には正常に発せられたりすることは，正常音の獲得直前にはよく見られることである．これをプロセス分析ではどう考えるか．この

138

音逸脱に関しては，次のようなプロセスを仮定することができる．

(32)　有声破裂音脱落
　　　[b, d, g]　→　φ

この脱落が起こる環境が母音間であることを考慮すると，これは一種の弱化現象であると見なしうる．[12] それでは正常音の出現はどのように説明したら良いのだろうか．プロセス分析では，音獲得は逸脱の原因となるプロセスが抑圧された結果であると考える．しかし (31) の状態はこのプロセスが不完全に抑圧されている状態を示しており，プロセス分析ではこれを記述する術を持たない．

　初期の生成音韻論に基づく記述も同様に説明力を欠く．Compton (1970) 等に見られる音韻規則による分析でも，このような状態は下記のような「随意的な」規則を設定する．

(33)　有声破裂音脱落規則（随意的）
　　　[＋子音性，－共鳴性，－継続性，－漸次開放性]→　φ（随意的）

この随意的規則とは，規則が適用されたりされなかったりすることを意味する．適用された場合，有声破裂音は脱落し，されない場合は正常音が現れる．しかしながらこの説明も，いったいどのような場合に規則が適用されて，またどのような場合に適用されないのかを明示的に示さない限り，適切に Case 5 の音韻体系を記述したとはいいがたい．

　それではこれを制約に訴えて考えてみよう．Case 5 は次の様な母音間で有声破裂音が弱化脱落するという有標性制約が忠実性制約の上位にランクされていると仮定する．

(34)　有声破裂音脱落を促進する制約
　　　有声破裂音は母音間で弱化し脱落する．

---

[12] 阻害音は母音間で弱化することがよく知られており (Anderson and Ewen (1987))，その弱化のスケールによると，破裂音から，摩擦音そして（接近音等の）共鳴音を経て，最終的には脱落する．Case 5 は，（おそらく摩擦音等の調音が不可能であるので）この弱化のスケールを最終の脱落まで進めたものと考えられる．異なった表現を使うと，自然言語では段階を踏むのが一般的である弱化を過剰般化したともいえる．

この制約は獲得が進むにつれて，ランキングを下降し，最終的には忠実性制約の下に下降して，目標の有声破裂音が現れるのであるが，その直前に有標性制約と忠実性制約が同列にランクされる段階がある．その段階では忠実性制約に従って目標音が現れることもあり得るし，有標性制約に従って脱落が起こることもある．すなわち，有標性制約と忠実性制約がランキングにおいて同じ位置を占めると考えることにより，Case 5 のような段階を，理論的に矛盾無く説明することができる訳である．

6.　制約から見た音逸脱と機能性構音障害

　これまで音韻獲得とは，制約のランキングの変化と捉えることができることを論じてきた．獲得初期にはさまざまな有標性制約がランキングの上位を占めているので，正しいインプットは具現化を妨げられて，さまざまな音逸脱が起こる．音韻体系の発達に従って，有標性制約がランキングを下降してゆき，それに従って忠実性制約は相対的にランキングを上昇し，しかるべきインプット型がアウトプットとして現れる．しかし，もし有標性制約が忠実性制約の上にとどまっていたら，何が起こるであろうか．正常音は現れずに，逸脱音が定着してしまうことになる．これが機能性構音障害なのである．このように考えると，機能性構音障害の多様性も説明ができる．次のラ行音に関する音逸脱を見てみよう．ラ行音障害もよく見られるタイプであり，ラ行音不全（rhotacism）と呼ばれる．

(35)　ラ行音の逸脱　Case 6

アウトプット	目標語	意味
dappa	rappa	ラッパ
todakkɯ	torakkɯ	トラック
makɯda	makɯra	枕

(36)　ラ行音の逸脱　Case 7

アウトプット	目標語	意味
ɰappa	rappa	ラッパ
toɰakkɯ	torakkɯ	トラック
makɯɰa	makɯra	枕

(37) ラ行音の逸脱　Case 8

アウトプット	目標語	意味
jappa	ɾappa	ラッパ
tojakkɯ	toɾakkɯ	トラック
makɯja	makɯɾa	枕

Case 6, 7, 8 は，いずれもラ行音に関わる機能性構音障害の事例であるが，それぞれ代替される音が異なっている．ラ行音障害は Case 6 のようにダ行に置き換えられる場合が多いが，Case 7 や 8 のようにワ行音やヤ行音に置換される場合もある．これら 3 種類の事例を，制約という視点から考えてみよう．(38) にラ行音を含むそれぞれの代替音の素性表示をあげる．

(38) 4 音の素性表示

	子音性	共鳴性	継続性	調音位置
[ɾ]	+	+	−	舌頂
[d]	+	−	−	舌頂
[ɯ]	−	+	+	軟口蓋
[j]	−	+	+	硬口蓋

(38) のラ行音とそれぞれの事例の代替音の素性を比較すると，興味深いことがわかる．Case 6 では，代替音 [d] はラ行音と共鳴性において異なっているが，その他では同じである．Case 7 では，[ɯ] は共鳴性が同じであるが，他については異なっている．Case 8 では，[j] も同じように，共鳴性は同じであるが，その他の点では異なっている．調音位置が Case 7 とは異なり，硬口蓋である．これを次のように表現してみよう．Case 6 はラ行音の共鳴性を，いわば犠牲にして，子音性，継続性，調音位置を維持している．それに対して，Case 7 と Case 8 はラ行音の子音性，継続性と調音位置を犠牲にして，共鳴性を維持している．すなわち，目標音が調音できず，他の音で代替する場合，目標音のどのような特性を守り，どのような特性を犠牲にするかは，幼児によって異なっているのである．要するに維持すべき音声特徴の選択が異なるわけである．このように考えると，3 つの事例では以下のような有標性制約がランキングの上位にあって働いているのがわかる．

(39)　それぞれの事例に働く有標性制約（Case 6 ⇒ a，7 ⇒ b，8 ⇒ c）

    a.　目標ラ行音の共鳴性を犠牲にして阻害音とせよ．

    b.　目標ラ行音の子音性，継続性と調音位置を犠牲にして，軟口蓋で調音せよ．

    c.　目標ラ行音の子音性，継続性と調音位置を犠牲にして，硬口蓋で調音せよ．

Case 6 では制約（39a）が忠実性制約より上位にランクされている．また Case 6 の音韻体系にも，制約（39b）と（39c）も存在するが，ずっと下位にランクされているために，Case 7，8 のような音逸脱は起こらない．幼児の構音障害の多様性は，このようにそれぞれの音韻システムの中で，何が選択されているかが異なるので生ずるのである．以上，音逸脱や構音障害に見られる多様性は，制約に基づけば，合理的に説明できることを論じた．

7.　インプットについて

7.1.　語彙拡散による音韻獲得

これまで制約とそのランキングによって，幼児の音韻獲得過程や機能性構音障害のメカニズムや多様性を論じてきた．正常な音韻獲得過程にあっては，最初，有標性制約が忠実性制約より上位にランクされ，音逸脱が起こる．次に有標性制約がランキングを下降し，忠実性制約と同列にランクされた時，逸脱音と正常音の両方が現れうる．そして最終的には有標性制約が下降して忠実性制約の下位になることにより，正常音のみが現れる．これで獲得は完了したことになるが，発達に伴って有標性制約が下降せず，忠実性制約の上位にとどまったままの状態が固定したものが機能性構音障害である．このように制約に支配された音韻獲得は，規則的な変化を見せる．忠実性制約が上位にランクされた時点で，理論的には目標音を含むすべての語で正常音が現れる．しかしながらここで注意すべきことが一点ある．これまでの議論はすべて，幼児が正常なインプットを獲得しているという前提の上でなされてきた．また制約に立脚する音韻獲得研究のほとんどが，幼児はすでに大人と同じインプットを獲得しているという前提でなされてきた（具体的な研究については Ueda（2005）を参照）．しかし，もしインプットそのものが正常

142

ではなかったならば，どうなるであろうか？ この点を上記ラ行音の逸脱で取り上げた Case 6 を再び例にして考えてみる．Case 6 ではインプットが正常なラ行音であった．ところがインプットにダ行音を誤って獲得した場合を考えると次のようになる．

(40)　ラ行音の逸脱　Case 6（インプットが正常でない場合）
インプット　アウトプット　意味
/dappa/　　[dappa]　　　ラッパ
/todakkɯ/　[todakkɯ]　　トラック
/makɯda/　[makɯda]　　枕

これを見ると，誤ったインプットがそのままアウトプットとして実現しており，共鳴音 [ɾ] を阻害音 [d] に置換する制約は働いていない．むしろこの場合は，誤ったインプットに忠実であるがために，音逸脱が起こっているのである．このようなケースでは，目標音の獲得はどのような過程で進むだろうか．例えば（40）ならば，「ラッパ」という語と結びつく音（配列）は /dappa/ ではなく，/ɾappa/ であるということを自己修正しなければならない．その結果正常な [ɾappa] が獲得できても，まだ「トラック」や「枕」のインプットは /todakkɯ/ と /makɯda/ のままで残っているので，これも /toɾakkɯ/ と /makɯɾa/ になるように修正していかなければならない．要するに，目標音を含む語が，一語また一語と正しい形に変化していく．このような変化を，語彙拡散的変化と呼び，当然のことながら，獲得が完了するまでには時間を要する．理論的には，誤ったインプットに忠実性制約がかかっているので，それを克服するには時間がかかるわけである．

7.2.　不完全なインプット

またインプットは完全な音形をなしていないこともある．2.3 節では，Chomsky and Halle (1968) の伝統的（あるいは古典的）弁別素性体系において，言語音は素性の集合体と考えることができると述べた．初期の理論では，インプット表示は，すべての素性がプラスかマイナスの指定を受ける完全素性指定であると考えられていた．ところが，後に素性によっては指定されないものもある，つまりブランクである表示もあるということが議論された．これを素性の不完全指定もしくは未指定と呼ぶ．例えば，普通鼻音は有

声音なので，［＋鼻音性］と指定すれば，それは［＋有声］であることが予測
できる．それで［＋鼻音性］ならば［＋有声］と指定されるという一般規則
を獲得さえしておけば，個々の語に含まれる鼻音で［有声］の素性表示をブ
ランクにしておくことができ，獲得における負担も少ない．[13] それでは音韻
発達段階でインプットの素性指定が不完全である場合を，ラ行音を例にとっ
て考えてみよう．上の（35）では，ラ行音がダ行音に置き換えられる例を紹
介したが，インプットの指定が不完全な場合がある．ラ行子音とダ行子音の
素性指定について，（38）の素性表示によれば，両音は［子音性］［継続性］
と調音位置（舌頂）は同じであり，［共鳴性］においてのみ，前者がプラスで
後者がマイナスの指定を受けて，異なっていた．ここでこの［共鳴性］がい
ずれの指定も受けておらず未指定であった場合，何が起こるであろうか．完
全な音形をなしていないインプットも，実際の発音においては何かの音形で
具現化せねばならない．その結果，[dappa] と発音されたり，[rappa] と発
音されたり，あるいはどちらとも区別できない不明瞭な発音になったりし
て，不安定な具現化を見せる．ここで注意せねばならないのは，5.5 節で述
べた 2 つの制約がランキングで同位にある場合も，複数の音が現れ得た．
この例では，正常なインプット /rappa/ の出現を促進する忠実性制約の上位
にランクされていた，阻害音の出現を好む有標性制約のランクが下降し，忠
実性制約と同位にランクされると，[dappa] と [rappa] の両方の形が現れる
可能性があった．このような同位ランキングの場合は，インプットにラ行子
音を含むすべての語においてこのような両音の出現があり得るが，インプッ
トが不完全指定の場合は，特定の語にのみ関係するので，この場合だと
「ラッパ」だけに不安定な発音が見られることになる．[14] このようなインプッ
トに関わる問題は，あまり議論されることがないが，構音障害の場合には，
個々の語について素性表示を変更したり，埋めたりすることが必要なので，
一語ずつ訓練が必要である．ゆえに上述したように，臨床的には正常音獲得
に時間を要することが予測できる．それでは制約のランキングが誤っている
タイプとインプットが誤っているタイプの違いは臨床的には，どのように現

---

[13] ここでは素性の不完全指定を詳しく論ずる余裕はないので，Archangeli（1988）等を
参照されたい．

[14] 本章を通して，インプット表記は発音記号を用いて表しているが，もちろんインプッ
トは音韻知識の一部であり，抽象的な実在であるので，IPA の表す実際の発音ではない．

れるだろうか．次節ではこの問題を取り上げる．

7.3. 音韻獲得の機能的側面

これまでは，音韻獲得や機能性構音障害を音韻理論と関連づけた形式面での考察をおこなってきた．しかしながら機能面に目を転ずると興味深い研究がある．福迫・沢島・阿部（1976）は東京大学付属病院で機能性構音障害と診断され，訓練を受けた71名の幼児のデータを分析して，次のような事実を報告している．1点目は，71名の幼児のうち，35名が訓練を受けたが，残りの36名には一定の観察期間がもうけられることになった．このうち11名は観察期間中に目標音を獲得した．すなわち，訓練なしで正常音が出現したわけである．これは訓練をしていない語に目標音が現れることを意味する．2点目は，「般化学習」に関する点である．ここでいうところの般化学習とは，例えばある音について構音訓練をおこなうと，同じような性質をもつ別の音も訓練無しで出現することを意味する．福迫らは，合計233個の目標音が訓練の結果獲得されたが，訓練無しの般化学習で出現した目標音も137個に上ったと報告している．3点目は訓練に要した期間の長さである．これは比較的長期間を要した幼児と比較的短期間で訓練を終えた幼児がおり，訓練期間の長さには違いがあった．福迫・沢島・阿部（1976）は，結局音置換のパターンと以上の3点は関係がないと結論で述べている．もうひとつ注目すべき点が西村（1979）によって指摘されている．彼は音逸脱を示す幼児は，早期に目標音を獲得する者と，時間を要する者がいると述べているが，さらに前者の音置換は一定で同じ音置換のパターンをとるが，後者は音置換が不安定で，置き換えられる音が毎回必ずしも同じではないと報告している．この2つの研究は，音韻獲得において，同じような音逸脱を見せる幼児にも，機能的な相違があることを示している．これらの事実に基づいて，Ueda（1999）は音韻獲得を機能面から類型化した．それを表1に示す．

	A 獲得の早い学習者	B 獲得に時間を要する学習者
音置換	一定	不安定
訓練無しの目標音獲得	可能	不可能
般化学習	可能	不可能
構音訓練期間	比較的短期間	比較的長期間

表1：機能面の類型化

表1から，目標音が何であれ，音置換がどのようであれ，音韻獲得には目標音獲得が相対的に早い者と時間を要する者がいることがわかる．これを前節で述べた2つのタイプ，すなわち，制約のランキングに問題があるタイプとインプットに問題があるタイプに照らし合わせながら考えていこう．まず音置換が不安定である場合，前節で述べたようにインプットに問題があることが考えられる．またインプットに問題があれば，それは語個別の問題であるので，正常音が獲得されてもそれは当該の語だけにとどまる．それに対して制約が関係する場合，例えば制約には個別音だけではなく，音類に関係する有標性制約もある．もしそのような制約が下降して，忠実性制約の下位にランクされると，問題の音のみならず，その音が属する音類全体が正常音に変化することになる．すなわち訓練無しで目標音が出現したり，般化学習と思える変化が起こったりするであろう．また個別の語を一語ずつ訓練する必要があるインプットに問題があるタイプに比べて，有標性制約が下降すると，当該の音もしくは音類を含むすべての語で正常音が現れる制約のタイプの方が，必然的に構音訓練期間も短くなる．このように考えると，獲得の早い学習者とは，制約のランキングが正常発達と異なっている者であり，獲得に時間を要する学習者とは，インプットそのものに問題がある者であると考えることができる．以上は，臨床現場での事実を，音韻理論から考えたときに必然的な帰結として得ることができる考察結果である．

　実は臨床現場でも誤りの一貫性という点に注目して，誤りの起こり方と誤り方を峻別して，次の4通りの組み合わせを指摘している研究がある（白坂・熊田 (2012))．

146

(41)　誤りの起こり方と誤り方の組み合わせ（白坂・熊田（2012: 102））
　　　a.　起こり方も一貫して，誤り方も一貫している
　　　　　例：[k] を必ず誤る．誤り方は常に [t] への誤りである．
　　　b.　起こり方は一貫して，誤り方は一貫していない
　　　　　例：[k] を必ず誤る．[t] へ誤るときと，省略されるときがある．
　　　c.　起こり方は一貫していないが，誤り方は一貫している
　　　　　例：[k] を誤るときもあるが，正しくできるときもある．誤るときは常に [t] への誤りである．
　　　d.　起こり方も一貫していないし，誤り方も一貫していない
　　　　　例：[k] を誤るときもあるが，正しくできるときもある．また，誤るときは [t] へ誤るときと，省略されるときがある．

白坂・熊田（2012）は実際のデータを一切挙げていないので，この記述だけでは，正確な判断はできないものの，敢えて制約とインプットに関係づけて考えてみると，上記の組み合わせで，(41a) は明らかに制約の問題である．(41b) ではインプットは正常であるが，制約により舌背音が許されずに，インプットが複数の方法で具現化している可能性が高い．[15] また，起こり方は一貫していないという表現は，語によって起こる語と起こらない語があると解釈できる．そうであるならば，(41c) ときわめて不安定な置換を示す (41d) は，インプットの問題が関係している可能性が高い．

8.　言語音の獲得順序

8.1.　音獲得の順序と例外

　幼児はどのような順番で言語音を獲得していくのだろうか．これは音韻獲

---

[15] 複数の具現化とは，舌背音を回避するために同じ無声破裂である舌頂音 [t] を選択するか，脱落させてしまうかの選択であり，これらが拮抗している訳である．ただ，ここで省略されるとあるが，[k] の置換で，[t] についで一般的であるのは声門破裂音である（平野・的場・藤木（1965））．一般に声門破裂音は検査時に聞き落とすことが多く，そのような場合は脱落と判断されるのが一般的である．もし声門破裂音であるならば，[k] を避けて口腔内のディフォールトの調音位置をもつ舌頂音 [t] が選択されるか，階層的素性体系の中で口腔内の調音位置を削除して，無声破裂音である，声門破裂音を選ぶかの選択になる．音置換において，ディフォールト値をもつ代替音を選択することは非常によく見られる現象である．

得を考えるとき，誰もが疑問に思うことのひとつである．この素朴な疑問を
出発点として，これまで相当数の研究がなされてきた．ところがいずれの研
究結果も一致をみないのである．例えば，中西（1972）は，3つの研究結果
を報告している．

年齢＼報告者	高木ら	野田ら	中西ら
3:3-3:5	w, j, p, t, d, g, ʧ	j, b, m, t, ʧ	
3:6-3:11	ɸ, n	p, t, g, ʒ	
4:0-4:5	ç, h, k	h, ç, n, ɾ	w, j, h, ç, p, b, m, t, d, n, k, g, ʧ, ʤ
4:6-4:11		w, d	ʃ
5:0-5:5	d	s	s, ʦ
5:6-5:11	ʣ	ʃ, ʦ, z	ʣ, ɾ
6:0-6:5			
6:6-6:11			
＊注釈	s, ʃ, ʦ, ɾ は6歳半までには90％以上正とならない．	ʒ と ʤ，z と ʣ は区別せず ʒ, z としている．	単語で，検査を目的とした音の初発反応による．

表2：中西（1972）が挙げる3つの研究結果（検査数は省略）

この3つの研究結果を比較すると，獲得時期にかなりの違いが見られる音
がある．例えばリ行子音は，高木らの結果では，3歳から3歳5か月の間，
野田らの結果では，4歳6か月から11か月，中西らでは4歳から4歳5か
月となっており，結果は一致していない．パ行音も高木らでは3:3-3:5，野
田らでは3:6-3:11，そして中西らでは4:0-4:5と異なっている．一方では歯
擦音やラ行音は獲得が比較的遅いというような一般的な傾向も見て取れる．
このように，言語音の獲得順序には，おおざっぱな傾向はあるものの，細部
にわたっては，結果が一致しないという状況が続いていた．この原因のひと
つには，研究の基になるデータの収集方法がある．上記の3つの研究はい
ずれも，まとまった数の幼児を観察し，年齢ごとに獲得音を示している．こ

れは横断的研究といわれるが，この方法では対象児童1人1人の正確な獲得時期については，犠牲にせざるを得ず，音韻獲得の個人差を捉えられない。[16] さりとて個々の幼児を定期的に観察していく縦断的研究方法では，正確な獲得時期の判断はできるものの，対象とする個体数に限界があり，一般的な傾向を判断することは難しかった．要するにどちらの研究手法を取っても，一般的傾向はあるものの，常に例外が存在していた．

8.2. 獲得の5段階

この問題の解決を目指した Dinnsen らは，一連の研究 (Dinnsen (1992), Dinnsen, Chin, Elbert and Powel (1990), Dinnsen, Chin and Elbert (1992)) において，まず獲得順序を年齢等の外的要因から切り離し，1人1人が独立した音韻システムを持つと考えて，さらに個別の音ではなく音類（すなわち弁別素性の獲得）に注目した．彼らはかなりの期間にわたって，相当数（40名前後）の幼児の音獲得を詳細に観察した結果，発達は獲得した音類の種類に従って，5段階に分類できることを発見した．これを発達段階に従って，順に A，B，C，D，E としておこう．まず最も獲得初期のレベル A を (41) に事例と共にあげる．ただし，以下の事例において母音は早期に獲得されているので，省略している．レベル A では母音以外には，鼻音とわたり音，そして破裂音しか現れていない．破裂音も幼児によって無声音ばかりであったり，有声音ばかりであったりして，声の対立がない．

(42)　レベル A で獲得されている音類と事例
　　　母音，わたり音，鼻音，破裂音（有声無声の対立無し）
　　Case 9：　破裂音　　　　b　　　d
　　　　　　　鼻音　　　　　m　　　n　　　　　　ŋ
　　　　　　　わたり音　　　w　　　　　　　j　　　　ʔ h[17]

---

[16] 上記の研究は，これ以外にも，初出をもって獲得とするか，90％以上正確に発音できた時点で獲得したと見るか等の基準においても異なっている．

[17] Dinnsen らは Chomsky and Halle (1968) の伝統的弁別素性システムを用いている．[ʔ] と [h] は声門わたり音と考えられている．

次の B の段階では，(43) のように破裂音に声の対立が生ずる．以下，網掛けの部分が新しいレベルで新たに加わった音類である．

(43)　レベル B で獲得されている音類と事例
　　　母音，わたり音，鼻音，破裂音（有声無声の対立有り）

Case 10:	破裂音	pb	td	kg
	鼻音	m	n	ŋ
	わたり音	w	j	ʔ h

レベル C に進むと摩擦音もしくは破擦音（あるいは両方）が現れる．

(44)　レベル C で獲得されている音類と事例
　　　母音，わたり音，鼻音，破裂音，摩擦音もしくは／および破擦音

Case 11 :	破裂音	pb		td		kg	
	摩擦音	fv					
	鼻音	m		n		ŋ	
	わたり音	w			j		ʔ h
Case 12 :	破裂音	pb		td			kg
	摩擦音	fv	θð	sz	ʃ		
	破擦音	tsʣ		ʧʤ			
	鼻音	m		n		ŋ	
	わたり音	w			j		ʔ h

獲得が進みレベル D となると，流音が 1 種類現れる．これは [l] でも [r] でもよい．

(45)　レベル D で獲得されている音類と事例
　　　母音，わたり音，鼻音，破裂音，摩擦音もしくは／および破擦音，流音

150

Case 13：　破裂音　　　pb　　　td　　　kg
　　　　　摩擦音　　　fv　　　sz　ʃ
　　　　　破擦音　　　　　　　　　ʧdʒ
　　　　　鼻音　　　　m　　　n　　　ŋ
　　　　　流音　　　　　　　　　l
　　　　　わたり音　　w　　　　j　　　ʔ h
Case 14：　破裂音　　　pb　　　td　　　kg
　　　　　摩擦音　　　v
　　　　　鼻音　　　　m　　　n　　　ŋ
　　　　　流音　　　　　　　　r
　　　　　わたり音　　w　　　　j　　　ʔ h

獲得の最終段階，レベル E ではレベル D にもうひとつ流音が加わるか，摩擦音に粗擦性の違いによる微妙な調音位置の違いが現れる．

(46)　レベル E で獲得されている音類と事例
　　　母音，わたり音，鼻音，破裂音，粗擦性の違いにより微細な調音点の違いを持つ摩擦音，もしくは複数の流音

Case 15：　破裂音　　　pb　　　td　　　kg
　　　　　摩擦音　　　fv　　　sz　ʃ
　　　　　破擦音　　　　　　ts　ʧdʒ
　　　　　鼻音　　　　m　　　n　　　ŋ
　　　　　流音　　　　　　　l r
　　　　　わたり音　　w　　　　j　　　ʔ h
Case 16：　破裂音　　　pb　　　td　　　kg
　　　　　摩擦音　　　fv　θð　sz　ʃ
　　　　　破擦音　　　　　　　　　ʧdʒ
　　　　　鼻音　　　　m　　　n　　　ŋ
　　　　　流音　　　　　　　　l
　　　　　わたり音　　w　　　　j　　　ʔ h

Dinnsen らの研究はいくつかの点で興味深い．まず，幼児が順に音を獲得していく場合，段階的に増加していく音類には明らかな順序があり，音の増

加は，個々の音の問題ではなく，音類を区別する弁別素性が獲得に関係していることが示唆される．それでは次にそれぞれのレベルで獲得される素性を挙げて，細部を検討してみよう．[18]

8.3.　素性による一般化

　本節では，A から E まで各レベルで獲得される音類を素性に関連づけて見ていく．

　(47)　レベル A で獲得される素性
　　　　音節主音性，子音性，共鳴性

最も初期のレベル A では，母音と非母音を区別する「音節主音性」，非母音の中でわたり音と子音を区別する「子音性」，そして子音のなかで，共鳴音と阻害音を区別する「共鳴性」という主音を区別する素性が獲得されていることになる．区別するということはプラスとマイナスの両方の値が指定できるということである．ただ「共鳴性」については，［＋共鳴性］と指定された場合，可能な音類は鼻音と流音の両方が含まれるが，音目録には鼻音しか現れていない．両音類を区別する素性は「鼻音性」であるが，これはまだ獲得されていない．それで，［＋共鳴性］と指定された場合，デフォルトで［＋鼻音性］と指定する制約が働いていると考えられる．同様に，［－共鳴性］と指定された場合は，阻害音すべてが含まれるが，実際には破裂音しか現れていない．ここでも［－共鳴性］と指定された場合に，［－継続性］とデフォルト値を指定する制約の存在が考えられる．ちなみに破裂音は，幼児によって有声の場合もあり，無声の場合もあるが両方をもつことはない．つまり，有声無声の区別はできていないのである．そしてレベル B になると，破裂音に有声無声の対立が生まれる．獲得される素性は［有声性］である．

　(48)　レベル B で獲得される素性
　　　　音節主音性，子音性，共鳴性，**有声性**

このレベルでも，阻害音は破裂音しか現れていないので，上記の［－共鳴性］

---

[18] Dinnsen らは，Chomsky and Halle（1968）の素性システムを使用しているので，ここでもそれにならい，「音節主音性」等の古典的な素性も用いることにする．

152

と指定された場合に，［−継続性］とデフォルト値を指定する制約は作用し
続けている．レベル C になると摩擦音もしくは破擦音，あるいは両方が加
わる．素性では［継続性］と［漸次開放性］である．

(49)　レベル C で獲得される素性
　　　音節主音性，子音性，共鳴性，有声性，**継続性，漸次開放性**

このレベルでは，［−共鳴性］と指定された場合に，［−継続性］とデフォル
ト値を指定する制約はもはやランキングの低位に降下しており，働いていな
い．［−共鳴性］と指定された場合，もし［＋継続性］と指定されると摩擦音
が出現する．反対に［−継続性］と指定された場合に，さらに［＋漸次開放
性］と指定されると破擦音が，［−漸次開放性］と指定されると破裂音が，
それぞれ現れる．
　レベル D になると流音が現れる．個人によって [l] の場合もあり [r] の場
合もある．新たに獲得される素性は［鼻音性］である．

(50)　レベル D で獲得される素性
　　　音節主音性，子音性，共鳴性，有声性，継続性，漸次開放性，**鼻音
性**

これまで［鼻音性］に関しては，［＋共鳴性］と指定された場合，デフォルト
で［＋鼻音性］と指定する制約が働いていたが，ここで［−鼻音性］と指定
されると，流音が現れる訳である．この段階では非鼻音共鳴子音というだけ
であるから，[l] であっても [r] であってもよい．そして最終のレベル E に
なってはじめて流音に下位区分ができて，[l] と [r]，両方が出現できる．こ
こで獲得される素性は，両音を区別する［側音性］であり，プラスと指定さ
れると [l] が，マイナスと指定されると [r] が出現する．レベル E のもうひ
とつの可能性として，摩擦音において微細な調音位置が可能になることであ
る．（流音は 1 種類のままでもよいし，もちろん両方を満足していても良
い．）これを区別する素性が［粗擦性］である．[19] 粗擦性について，［＋粗擦
性］と指定されれば，[s] のような粗擦性を持つ摩擦音が，［−粗擦性］と指

---

[19] 本来［粗擦性］は音響特性に関する素性であったが，実質的には微細な調音位置の違
いを区別するために使用されている（Keating (1988)）．

定されれば，[θ] のような非粗擦摩擦音が現れる．次にレベル E で獲得する
素性を示す．

(51)　レベル E で獲得される素性
　　　音節主音性，子音性，共鳴性，有声性，継続性，漸次開放性，鼻音
　　　性，**側音性もしくは／および粗擦性**

8.4.　音獲得の性格付け

それでは，次に各レベルで新たに獲得した素性をまとめてみよう．

(52)　各レベルで新たに獲得される素性
　　　A：音節主音性，子音性，共鳴性
　　　B：有声性
　　　C：継続性，漸次開放性
　　　D：鼻音性
　　　E：側音性もしくは／および粗擦性

これを見ると，新たに獲得される音はランダムに加わっていくわけではない
ということである．たとえばレベル B から音類が増加する場合，摩擦音／
破擦音でなくても，流音が加わることも論理的には可能であるはずである．
ところが事実はそうではない．観察対象のすべての幼児に，先に摩擦音／破
擦音が出現してから流音が現れるのである．[20] すべての幼児が A から順に
この段階を順に経て E に到達するのである．またレベル A の幼児の定期的
検査が時間的に開いて，レベル C になったような場合もあるが，そのよう
な場合でも，検査をしてみるとレベル B をすでに獲得していたことがわ
かっている．この獲得過程は，一種の含意法則と見なすことができる．もし
幼児がレベル C に到達していれば，それは必然的にレベル B を，そしてそ
れはレベル A を獲得していることになる．これは音獲得にかかる「制約」
と考えられる．[21] これを次のように表してみよう．

---

[20]　この発達過程では，阻害音が細分化されてから共鳴子音が細分化が起こる．これにつ
いては，この素性システムに依拠している限り説明付けできない．この点に関する分析は，
上田 (2019) を参照されたい．
[21]　各段階を制約と見なし，これまでのように記述することができる．例えばレベル D な

154

(53) 音獲得の含意法則
獲得はレベル A から E まで順に進む．ある発達段階において，そ
のレベルの素性を獲得してるならば，それ以前のレベルの素性は
必ず獲得していなければならない．そして逆は真ではない．

ここにおいて，われわれは幼児の音獲得には一定の順序が存在することがわ
かる．また幼児によって新たに獲得する音類で，どの音が出現するのかは個
人によって異なりうることが予測できる．すなわちその音類に属する音であ
れば，どの音であれ許されるのである．これを次のように表現してみよう．

(54) 音獲得における個人差
音の獲得は個々の音ではなく，音類の区別，すなわち素性の獲得で
ある．出現する音は，獲得する音類に属する音である限り，何で
あっても良い．

(54) もある意味で制約と捉えることができる．つまり，獲得されるのは音
類を区別する音韻知識なので，当該の音類に属する音ならば，何でも良く，
自由度が許され，その結果，個人差が生ずる訳である．(53) と (54) を併
せて考えると，音獲得には一般的な順序が認められるが，個人差や例外が存
在するので，厳密な順序は見いだせないといわれてきた，ある意味でパラド
クスにも思われる事実にも，答が与えられたように思われる．
　これまでの議論から音獲得を考えてみると，音獲得とは，最初に主音を区
別する素性を獲得し，次に有声無声の区別，さらに阻害子音間の区別，次い
で共鳴子音間の区別，そして最終的に共鳴子音や阻害子音の下位区分という
具合に，音類を細分化してゆくプロセスと考えることができる．各レベル
で，出現できない音類は，それを許さなかった制約がランキングを下降する
に伴って，表面に現れる．ここでも音韻発達は制約と関連づけて説明するこ
とができるのである．

_____

らば，「[－鼻音性] と指定された場合 [側音性] については指定できない．」と表現できる．

9.　結論

　本章では，幼児の音韻発達に見られる音逸脱と獲得完成期になっても逸脱が固定する機能性構音障害について，いくつかの問題点を音韻理論から考察した．特にフォーカスを当てて論じたのは，表面的な音逸脱の背後には規則性が存在し，音韻知識により深い，抽象的なレベルを仮定して，制約という概念を認めて考察すると，正常発達や機能性構音障害に見られる逸脱に合理的な説明を与えることが可能であるということである．また一見パラドクスにも思える音獲得の順序についても，制約という視点から考えると矛盾が解消することを論じた．

　音韻獲得や機能性構音障害に関して，これを理解するためには，複数の分野の広範囲な専門的知識が必要であるといわれる（本間（2000））．例えば，病理学分野では耳鼻咽喉科学，小児科学，形成外科学，歯科学等，また心理学分野では発達心理学，学習心理学，認知心理学等が挙げられるが，言語学分野では，調音音声学や音響音声学が挙げられるものの，音韻論が挙げられることはない．しかしながら，言語学研究者のみならず，臨床で音声に関わる者には，本章で論じたような音韻論の知識をもつことが望まれる．それは音韻獲得全般に対する視野を広げてくれるのみならず，多様な音逸脱を見せる構音障害児のより的確な評価と効果的な訓練に繋がるからである．

> ## コラム

音韻的対立と位置

　言語には，有声／無声，長／短，強／弱，高／低などのような音韻的対立が見られる．このような対立を手掛かりにして，人は言語音を区別する．

　それぞれの基準について，対立を持つ言語と持たない言語とが存在する．例えば母音と子音の長／短という基準では，対立の有無によって言語は以下の 4 通りに分布する．

母音長対立＼子音長対立	あり	なし
あり	日本語，フィンランド語	オランダ語，モンゴル語
なし	イタリア語	英語，中国語

　面白いことに，音韻的対立には生起位置による非対称性のあることも知られている．一般に，発話，文，語，音節など各要素の初頭部分においては音韻的対立が保持されやすいのに対し，末尾位置においてはそれが保持されにくい（Disciullo（2002））．とくに，もともとあった音韻的対立が失われ区別できなくなることを中和（neutralization）という．

　例えば，伝統的な韓国語では語頭位置のみに長母音が生起し短母音との間で対立するのに対し，それ以外の位置では短母音のみが生起し長／短の対立がない（なお，現在の韓国語ではすべての位置で母音長対立が失われている）．これと並行的なことが日本語にも観察できる．次の例を見てみよう．

(1)　エレベーター，コンピューター，ちょうちょう（蝶々）
(2)　エレベータ，コンピュータ，ちょうちょ
(3) *エレベター，* コンピュター，* ちょちょう

(3) のように，語中の長母音は短母音化せず長短の対立が保持されやすいのに対し，(2) のように，語末の長母音は短くなり短母音と中和しやすい．

　また，ドイツ語，ロシア語など多くの言語において，音節末にある子音の有声性対立が中和することも知られている．例えばドイツ語では，音節末の有声子音が無声化し，bunt も Bund も，ともに [bont] と発音される．さらに，音節量（重／軽）についても，語や句の初頭位置では対立が保持されやすく，末尾位置では中和しやすい（田中（2020），第 2 章（2.3 節）も参照）．

　このような位置に関する非対称性は，人間の注意の及びやすさと関連すると考えられている（Beckman（2004））．

第6章

言語聴覚障害学と英語教育のインターフェイス
── 言語聴覚障害学から発達性ディスレクシアと英語学習を考える ──

原　惠子（上智大学）

1.　はじめに

　本章は，音韻論・音声学，言語聴覚障害学，英語学習の3つのキーワードを，発達性ディスレクシア（以下，ディスレクシア）の認知的原因とされている音韻障害を核として，結びつけて考えようとするものである．

　冒頭の本節では，まず，言語聴覚障害学について解説し，次にディスレクシアを含む言語発達障害の問題を概観する．そして，読み書き習得に困難のある児童生徒への影響が懸念される，小学校での英語教育教科化の動向に触れる．

1.1.　言語聴覚障害学

　私たちは，日々，生活のなかで，他者と会話する，メールをやりとりする，書類を作成する，講義を聞く，ゼミで発表する，本や雑誌を読む，頭の中であれこれ考える等々の"言語"を用いたさまざまの活動を行っている．ことばを使うことは，あまりに自然で当たり前のことなので，あらためてどのように言語を獲得し，なぜ多様な言語活動ができるのかなどを考えることはほとんどないし，大半の人々は，その能力が，ある日，突如として失われる可能性があることなど，まるで気に留めることもなく過ごしているだろう．

　しかし，この当たり前に思える能力が，病気や怪我などで突如失われることは，誰にでも起こりうることなのである．もし，交通事故で頭に傷を受

157

け，手術後の麻酔から目覚めた時，ことばがうまく発音できず相手に伝えられなくなってしまったり，あるいは，目の前にあるガラスの容器をとってほしいのに，「コップ」ということばが思い浮かばないなど，昨日までできていたことができなくなる状態に陥ったら，どれほどのショックを受け，苦しい思いをするかは想像にかたくない．言語・コミュニケーションの障害は，障害当事者の学業や職業に困難をもたらし，深い絶望感，疎外感，不全感を引き起こす．家族をはじめとする周囲の人々との関係を変化させることも多く，生活全般に大きな影響を与える．

　言語聴覚障害学は，私たちの生活にとって不可欠な言語・コミュニケーション能力の障害を対象とする学問領域である．言語聴覚障害学をおさめ，言語・コミュニケーションに障害のある人々の援助に当たるものを言語聴覚士（Speech-Language-Hearing Therapist: ST）という．言語聴覚士は「音声機能，言語機能又は聴覚に障害のある者についてその機能の維持向上を図るため，言語訓練その他の訓練，これに必要な検査及び助言，指導その他の援助を行うことを業とする」（言語聴覚士法第1章第2条）国家資格である．言語・コミュニケーションの症状を分析し，障害の原因・メカニズムを考え，それに基づいて，障害された言語・コミュニケーションの機能をどうしたら改善できるかを考える．機能そのものの改善が難しい場合は，残存する能力を活用して，どのような工夫・調整ができるかを考え，障害当事者が，その人らしい生活を送れるように援助するものである．

　上述した業務を行うには，多くの領域にわたる幅広い知識の習得と研鑽が求められる．言語は大脳がつかさどる最も高次の機能である．言語を用いたコミュニケーションには，脳をはじめとして，音声の産生に関わる肺，喉頭，舌，顎，口唇等の発声発語器官，音の聞き取りに関わる聴覚器官，各器官をつなぐ神経系，見ることに関する器官等，身体の多くの部位が関わる．したがって，言語・コミュニケーションの障害の理解には，これらの器官の構造・機能・疾患などについての医学的知識が不可欠である．言語聴覚障害のある児者の示す多彩な言語症状の分析には，言語学や音声学の知識が活用される．言語獲得途上にある子どもの言語の問題を考えるには，発達心理学的視点や学習心理学的視点が必要であるし，障害のある方の心理状態を理解するには，臨床心理の知識が必要である．学齢児の支援では学校教育制度の知識が，障害者に対する福祉の支援保障を考えるには社会福祉制度について

の知識が求められる．補聴器の調整は音響学が関わる分野である．このように，言語聴覚障害学は，多くの学問領域にまたがる学際的な分野である（図1）．

　言語・コミュニケーション障害は多種多様であるが，大きく，聞こえの障害（聴覚障害），言語の障害，スピーチの障害，食べること・飲み込むことの障害（嚥下障害），認知や記憶，注意等の脳の高次機能の障害（高次脳機能障害）に分類される（表1）．

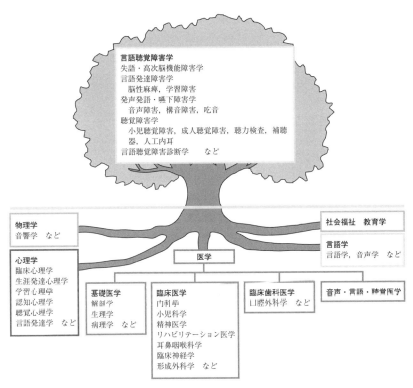

図1：言語聴覚障害学の学問的基盤（原（2017: 111））

　スピーチの障害には，話し方の流暢性の障害（吃音），声の質の障害（発声障害），語音を正確に発音できない障害（構音障害）が含まれる．

　言語の障害は，言語獲得後に生じた障害（失語症）と言語獲得そのものが障害される言語発達障害とに大別される．失語症は，言語を獲得したのち

に，脳梗塞，脳出血等の脳の疾患や交通事故等による頭部への外傷によって，脳の言語機能に関係する部分が損傷された場合に，聴く，話す，読む，書くの言語の4側面の能力が低下するものである．損傷部位によって，4側面の低下の様相が異なり，多彩な症状を呈する．例えば，ことばは聞こえているのに，そのことばの意味理解ができなくなることもあるし，聞いたことばは理解できるが，言いたいことばが思い起こせないという症状が生じることもある．また，文字が読めない，あるいは，読んでも理解することが難しくなったり，ことばは思い浮かんでいるのに，それを表す文字が思い出せないという症状が生じることもある．

　母語の言語獲得そのものが障害され，年齢や発達レベルと比べて，言語の発達が遅れたり，逸脱したりするものを言語発達障害という．発達初期に頭部に受けた外傷を原因とする後天性のものもあるが，言語発達障害のほとんどは生まれつきや感染症の後遺症による脳へのダメージ等何らかの原因で言語獲得が阻害される先天的なものである．

分類名	下位分類名	原因
失語症		脳血管障害，脳腫瘍，頭部外傷など
高次脳機能障害	認知症，頭部外傷・右半球損傷などに伴うコミュニケーション障害	脳血管障害，変性疾患，頭部外傷など
言語発達障害	精神発達遅滞 特異的言語発達遅滞 自閉症スペクトラム障害 学習障害 脳性麻痺に伴うもの 後天性障害に伴うもの 聴覚障害に伴うもの その他	遺伝的要因，不明 不明 不明 不明 頭部外傷など
音声障害		咽頭・咽頭の炎症・腫瘍・麻痺・外傷，声の乱用，精神・心理的要因，脳腫瘍，脳血管障害など
構音障害	機能性構音障害 器質性構音障害 運動障害性構音障害	不明 口蓋裂，舌切除など 脳血管障害，脳腫瘍，頭部外傷，変性疾患，脳性麻痺など
嚥下障害		脳血管障害，脳腫瘍，頭部外傷，変性疾患など
吃音		不明
聴覚障害	小児聴覚障害 成人聴覚障害	遺伝的要因，妊娠中の母体の感染，出産周辺期障害，出産後の感染，薬剤中毒，中耳炎，頭部外傷など

表 1：言語聴覚障害学が対象とする障害の分類，下位分類，原因
(笹沼 (1999: 649) を一部改変)

1.2.　言語発達障害

　健常な言語獲得では，音韻，形態，統語，意味，語用の各側面や話す，聞く，読む，書くの 4 つのモダリティーは，相互に関連しながら，バランス

162

よく発達する．しかし，言語発達障害では，言語の各側面や4つのモダリ
ティーのすべて，あるいは，その一部に，年齢や発達のレベルと比較して著
しい落ち込みが見られる．言語発達障害にはさまざまな背景要因が考えら
れ，臨床像は実に多種多様である．

　精神発達遅滞がある場合は，知的障害の重症度にもよるが，すべての側
面，モダリティーの低下がみられる．特に，概念とそれを表すことばとの対
応関係や，語と語をつなぐ規則の獲得が困難になることが多く，重度の場合
は，4〜5歳程度，中等度の場合は7〜8歳程度，軽度の場合は11〜12
歳程度の発達レベルにとどまる．

　自閉症スペクトラム障害や脳性麻痺による言語発達障害には，知的障害が
重複する場合が多い．知的障害のない，あるいは，知的レベルの高い自閉症
スペクトラム障害では，かなりの言語力を獲得するものの，語用面に特異的
な障害を呈することが特徴的である．

　特異的言語発達障害は，知的な問題がなく，日常会話レベルのやりとりは
できるが，学習や思考に求められる抽象的で高度な学習言語の獲得に支障を
きたす．

　学習障害は，知的な問題はないが，言語の聞く，話す，読む，書く，ある
いは，算数の計算や推論に大きな困難が生じるものをいい，ディスレクシア
は，学習障害の中で，読むことが困難になる障害である．

　なお，表1に記された言語発達障害以外で，近年，言語聴覚士が対応す
ることが増加しているものに，言語獲得途上で，海外生活を長く経験し，現
地語を第一言語として獲得して日本に帰国した帰国子女の日本語の問題や，
日本において多言語環境で育つ外国籍の子どもたちの言語獲得の問題があ
る．

　健常発達では，母語は，いつの間にか話しだしたと思われるように，ごく
自然に特に努力することもなく，獲得される．それに対して，母語としての
日本語を獲得したあとの第二言語としての英語の学習は，第一言語を基盤と
して，意識的な努力を必要とする．英単語の学習では，日本語の単語に対応
する新たな音韻表象を学び，文法の学習では，日本語との異なりを比較しな
がら英語の文法を学ぶ．したがって，第一言語である日本語の語彙が乏し
かったり，未熟な構文知識しかなければ，英語で新たな語彙，文法規則を学
ぶことが困難になるのは，容易に想定されることである．

　本章で，多様な言語発達障害の中からディスレクシアを取り上げるのは，
以下の理由による：①ディスレクシアは，知的問題や母語獲得の問題がない
ため，読みの問題に焦点化して考えることができる：②ディスレクシアは言
語発達障害の中で，最も研究が進んでおり（Hulme and Snowling (2009: 37)），
音韻の障害を認知的原因とする障害モデルが構築されている；③文字・音対
応関係と音韻の側面から，言語間の比較ができる；④日英バイリンガルで，
言語により，ディスレクシアの症状の異なる様相を示した事例があり，ディ
スレクシアの著しい英語学習の困難さを第二言語学習による困難さという解
釈でなく，③の観点で考えることができる．

1.3.　小学校での英語教育の教科化

　前節で，母語の獲得に困難を示す言語発達障害のある児童においては，第
二言語としての英語学習は，健常児より，さらに一層困難であると述べた．
2017 年に小学校学習指導要領が改訂され，2020 年 4 月から，すべての小学
校 5 年生および 6 年生に対して，教科としての英語の指導が開始された．
このことは，言語発達に問題のある児童生徒にとって，学習の負担が増加す
ることを意味し，精神面へのプレッシャーが強まることが懸念される．

　小学校での英語教育を進める背景には，社会全体のグローバル化が進む中
で，「国際共通語である英語力の向上は日本の将来にとって極めて重要」（英
語教育の在り方に関する有識者会議 (2014)）であるという認識のもと，英語能
力の育成のためには，英語学習を早期の小学校段階から始めることが効果的
であるという考えがある．

　小学校での英語教育を論ずる動きは古く明治時代にさかのぼるが，2020
年度からの小学校での英語教育教科化に密接に関係する最初の動きは，
1986 年の臨時教育審議会第二次答申である．その答申は，国際化の進展に
伴って英語教育の重要性が高まっているが，従来の英語教育は文法知識と読
解力に重点を置きすぎていると指摘した．さらに，英語教育の開始時期につ
いて検討が必要であるとし，中学校以降で行われていた英語（外国語）教育
を小学校から開始することについて公的な場での検討を始める端緒を開いた．

　1998 年に告示された小学校指導要領（実施は 2002 年）では，新設された
「総合的な学習の時間」で国際理解教育を行い，その一環として「外国語会
話」を小学校 3 年生以降で行うことになった．

164

　2011 年に実施された小学校新学習指導要領（告示は 2008 年）では，音声を中心に外国語に慣れ親しませる活動を行い，言語や文化についての理解を深め，積極的なコミュニケーション態度とコミュニケーション能力の素地を養うために，小学校 5 年生および 6 年生で，年間 35 単位時間の「外国語活動」が必修化された．

　2016 年 12 月に出された中央教育審議会答申では，外国語の知識は，子供たちが将来どのような職業に就くとしても求められるので，外国語活動について，小学校の高学年では，従来の「聞くこと」・「話すこと」に，「読むこと」「書くこと」を加え，年間 70 単位時間程度の時数が必要であるとした．それに基づいて，2017 年 3 月 31 日に学校教育法施行規則の一部改正と小学校学習指導要領の改訂が行われ，2020 年から，全小学校で英語の教科化実施が打ち出されるにいたった．

　以上のように，30 年以上の時間をかけて，小学校で聞く，話す，読む，書く 4 つのモダリティでの英語教育を行う道筋がつけられてきた．

　小学校での英語教育をめぐっては，さまざまな立場から議論がなされている（鳥飼（2018），大津（2005），寺沢（2020），柳瀬他（2015）など）．英語教育よりも日本語教育をより充実させるべきであるという主張がある．2003 年の「PISA ショック」[1] 以降，若年層の読解力不足，日本語力の不足を懸念し，英語でなく，日本語力向上のための方策こそ喫緊の課題であるというのである．2018 年の PISA の調査では，読解力が再び 15 位に低下し，日本語能力育成に注力すべきであるとの主張は一層強くなっている．教員の負担や指導体制の不備を懸念する議論もある．小学校の英語教育に，読む・書くことが含められたことにより，母語である日本語の読み書きが困難な児童生徒にとっては，学習の負担が一層増し，二次障害などの学校不適応が増加することが大いに懸念されている．

---

[1] 経済協力開発機構（OECD）が 3 年に一度，加盟国の 15 歳を対象に行っている数学応用力，科学応用力，読解力の調査において，日本は 2000 年には読解力が世界 8 位だったが，2003 年に 15 位と急落し，社会的に衝撃を与えたこと．

2.　発達障害，学習障害，ディスレクシア

2.1.　特別支援教育

　2006年に学校教育法が一部改正され，従来の特殊教育にかわって，新たに特別支援教育が始まった（施行は2007年から）．

　それまでの特殊教育では，障害のある児童生徒に対する教育は，障害の種類や重症度に応じて，通常の学級（普通学級）とは別に設置された特別な場で行われていた．例えば，肢体不自由や知的障害のある児童生徒の教育の場としての養護学校，聴覚障害や視覚障害のある児童生徒の教育を行う聾学校や盲学校，小・中学校の通常学級での教育には困難のある心身に障害のある児童生徒のために設けられた特殊学級などである．

　特殊教育に代わる特別支援教育の特色の1つは，従来，特殊教育の対象とはされてこなかったが，学習や生活上での支援が望まれる知的な遅れのない発達障害のある児童生徒を支援の対象として含めたことである．新たに対象となった児童生徒のほとんどは，通常の学級に在籍している．特別支援教育は，「特殊な」場だけではなく，児童生徒が在籍する幼稚園，小学校，中学校，高等学校，中等教育学校及び特別支援学校のすべての教育の場において実施されるものである．

　知的な遅れのない発達障害とは2005年に施行された発達障害者支援法に定められた「自閉症，アスペルガー症候群その他の広汎性発達障害，[2] 学習障害，注意欠陥多動性障害[3] その他これに類する脳機能の障害であってその症状が通常低年齢において発現するもの」をさす．

　本章で扱うディスレクシアは，上記の学習障害に相当するものであるが，詳細は次節に記す．

---

[2] 自閉症，アスペルガー症候群その他の広汎性発達障害：現在用いられている名称は，自閉スペクトラム症，ないし，自閉症スペクトラム障害．発達早期に現れる発達障害で，社会的コミュニケーションや対人関係が苦手で，強いこだわりを特徴とする．中枢神経系の機能不全が原因と推定されている．

[3] 注意欠陥多動性障害：現在用いられている名称は，注意欠如／多動性障害．年齢あるいは発達レベルからみて不相応に，不注意，落ちつきのなさ，衝動性などの問題があって，生活や学業に影響を及ぼす発達障害．中枢神経系に何らかの要因による機能不全があると推定される．

2.2. 学習障害とディスレクシア

　学習障害とは，文部科学省の定義によると「基本的には全般的な知的発達に遅れはないが，聞く，話す，読む，書く，計算する又は推論する能力の習得と使用に著しい困難を示す様々な状態を指すものである．学習障害は，その原因として，中枢神経系に何らかの機能障害があると推定されるが，視覚障害，聴覚障害，知的障害，情緒障害などの障害や環境的な要因が直接の原因となるものではない．」（文部科学省（1999））と定義されている．

　学習障害は，学校での学習開始後に，学習の困難さとして顕在化する障害である．教育の機会が与えられ，虐待などの養育環境の問題もなく，視聴覚等感覚の障害や知的な遅れもないにもかかわらず，聞く，話す，読む，書く，計算する，あるいは，推論するといった学習の特定の領域のうち一つ以上で，著しい落ち込みが生じるもので，脳の機能の問題が原因と考えられている．

　発達障害，学習障害，ディスレクシアの関係は図2のような包含関係にある．

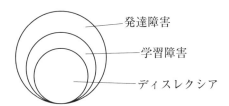

図2：発達障害，学習障害，ディスレクシア

　学習障害の出現率に関して，2012年に文部科学省が全国の公立の小中学校の通常学級の担任を対象に行った質問紙を用いた調査によると，以下のような結果が報告されている（図3，表2）（文部科学省（2012））．

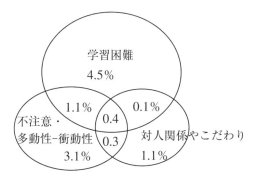

図3：学習障害の出現率に関する文科省の調査結果（文部科学省（2012）結果
　　をもとに作成）

「聞く」又は「話す」に著しい困難を示す	1.7%
「読む」又は「書く」に著しい困難を示す	2.4%
「計算する」又は「推論する」に著しい困難を示す	2.3%
「不注意」の問題を著しく示す	2.7%
「多動性-衝動性」の問題を著しく示す	1.4%
「対人関係やこだわり等」の問題を著しく示す	1.1%

表2：学習障害についての文科省調査結果（文部科学省（2012））

　学習障害のなかで，読みの困難を発達性ディスレクシア（developmental
dyslexia）（以下ディスレクシア）という．学習障害と診断されるものの大半
には読みの障害が認められ，ディスレクシアは，学習障害の中核的な障害で
ある．障害の中心症状は読むことの困難さであるが，読むことが困難である
と，書くことも困難なことがほとんどなので，読み書き障害という用語が用
いられることも多い．読みの困難がまったくなく，書くことにのみ困難が生
じることはごくまれに見られるが，それには，ディスレクシアとは異なる障
害機序が推定される．ディスレクシアを表すものとしては，他に，（発達性）
読み障害，（発達性）読字障害，（発達性）読み書き障害，読み書きの学習障
害など多様な用語が使われている．本章では，ディスレクシアを用いること
とする．
　「発達性」というのは，障害が生得的なものであることを意味し，成人期

に生じる後天性の障害と区別するために用いられる．読み書きを習得した後，成人期になって，脳梗塞や脳出血，あるいは，交通事故による頭部外傷で，読むこと，書くことに関与する脳の部位が損傷されると，読めるが書けない（失書という），あるいは，文字を書くことはできるが，書いた文字を読めない（失読という）病態を呈することがある．発達性ディスレクシアは，こうした後天性の障害とは異なり，読み発達の基盤の能力に生得的に弱さがあるために読みが困難になるものをいう．

3. ディスレクシア

3.1. 定義

ディスレクシアの国際的な団体である国際ディスレクシア協会（International Dyslexia Association，以下 IDA）のディスレクシアについての定義を紹介する．

> Dyslexia is a specific learning disability that is neurobiological in origin. It is characterized by difficulties with accurate and / or fluent word recognition and by poor spelling and decoding abilities. These difficulties typically result from a deficit in the phonological component of language that is often unexpected in relation to other cognitive abilities and the provision of effective classroom instruction. Secondary consequences may include problems in reading comprehension and reduced reading experience that can impede growth of vocabulary and background knowledge."
>
> (IDA Board of Directors (2002))

上記の定義では，ディスレクシアは神経生物学的レベルの原因に起因し，それが認知レベルで言語の音韻的な側面の障害を生じさせ，その障害から生じる中核的な症状は，正確かつ / または流暢な単語認識，つづりの問題，および，デコーディング（decoding）の問題であると記されている（詳細は後述）．また，ディスレクシアによる二次的な問題として，読解，語彙や知識の習得の問題が生じる可能性が指摘されている．

神経生物学的レベルの原因については，ディスレクシアには遺伝的要因の

関与が明らかになっており，分子遺伝学の分野で，関連する遺伝子を特定しようとする研究（Fisher et al. (2002)，Paracchini, Scerri and Monaco (2007)，Cope et al. (2005) など）が行われている．脳画像の技術的な進歩に裏付けされた脳の構造と機能の研究からは，ディスレクシアでは，話しことばと読みに関わる左半球の脳のシステムの構造的，機能的な変異についてのエビデンスが蓄積されつつある（Shaywitz et al. (1998)，Hoeft et al. (2007) など）．

　流暢性（fluency）とは，'the ability to read a text quickly, accurately, and with proper expression'（National Reading Panel (2000)）と説明される能力である．正確に素早く，しかも，語にふさわしい抑揚をつけて読むことは，読んだものが，読み手にとって，単なる音の連続ではなく，意味を持つ語として認識されたことを示し，読解が成立するための必須の要素である．

　デコーディングとは，文字を音声に変換することをいう．音読だけを意味するのではなく，黙読しているときにも行われる脳内の処理である．デコーディングがうまく機能しないと，文字に対応する音を想起するのに時間がかかり，逐字読みになったり，読み間違いが生じる．音を文字に変換することはエンコーディング（encoding）という．エンコーディングは，音に対する文字を想起することであって，書字行為そのものや，書字の稚拙さ・不器用さを意味するものではない．デコーディングとエンコーディングは，文字・音対応（コーディング（coding），あるいは，対連合学習（paired association learning））の変換の方向性を示すもので，読みは，文字から音への変換なので，デコーディング能力が問われることになる．

　読解は，文字認識，単語認識，文法能力，推論能力，背景文脈の理解，既習の一般知識，ワーキングメモリ等々多くの認知機能が関わり，低次から高次レベルまで階層的な処理過程を経て遂行される複雑な精神活動である．単語の認識は，読解に至る初期段階の処理であり，それが正確・流暢に行われるかどうかが，その後の処理の効率を左右し，読解の成否に大きく影響する．

　日本語で「読み」は幅広く用いられる語である．文字を読むことは，デコーディングを意味するが，「以下の文章を読んで，問に答えなさい」という文脈では，「読む」ことは「読んで理解すること」「読解」を意味する．「空気を読んで行動しなさい」は，状況を察知することを意味する．

　ディスレクシアは「読み」の障害であるが，この場合の「読み」とは，デ

コーディングのことを意味し，読解とは明確に区別されるものである．デコーディングができなければ，単語認識も読解も成立しない．しかし，デコーディングができても，読解が成立するとは限らない．読解は，デコーディングだけでなく，多くの認知機能が関与する複雑な処理過程であるからである．

3.2. 有病率と心身面の二次障害

　日本語母語話者におけるディスレクシアの出現率について，先に示した文部科学省の調査結果（図3，表2）は，教員を対象とした質問紙による調査によるものであった．

　児童生徒に対して，直接，読み書きの習得度を調べ，有病率を明らかにしようとした研究がある．細川は，仙台市内の小学校での調査結果から，読み障害の疑いがあるものは，0.7〜2.2％と報告している（細川（2010））．宇野らが，平仮名，カタカナ，漢字の文字種ごとに行った調査では，平仮名の読みに問題があるもの0.2％，カタカナ1.4％，漢字6.9％であり，書字については，平仮名で1.6％，カタカナで3.8％，漢字で6.0％と報告されている（Uno et al. (2009)）．

　IDAの定義では，ディスレクシアの二次的問題として，読解，語彙や知識の習得の問題が挙げられている．こうした学習面の二次的な問題以外に，発達障害については，児童生徒の心身面の二次障害（心身症，睡眠障害，学校不適応など）の発生率が高いことが報告されている．発達障害のなかでも，特に，学習障害のある児童生徒の不登校率が高く（図4），不登校がきっかけとなり，それまで気づかれなかった学習障害が見出される場合もある（星野（1996），小枝（2001）など）．

　学習障害がある児童生徒が健康的で安定した学校生活を送ることができるよう，障害を早期に発見し，学習面の支援とともに心身への負担の様子をよく観察し，二次障害の予防に留意することが肝要である．

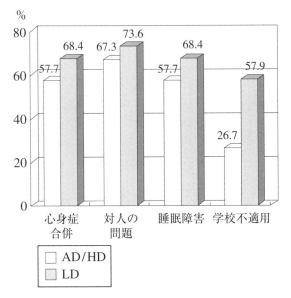

図4：病院調査結果から，AD/HD, LD 児が二次的
　　に派生してくる諸問題を示した（小枝 (2001)）.

3.3.　認知的側面の原因

3.3.1.　文字の発明：音声言語の分節化

　言語を使うことは，ヒトの脳の行う最も高次の機能である．ヒトは，何
十万年という長い進化の過程の中で，相互の通信手段として音声言語を用い
ることができるような脳を持つにいたった．目に見えない音波で伝えられる
音声言語を，目に見える形で記録する必要性から文字が考案された．最古の
文字とされるものですら，紀元前数千年ころに生み出されたと考えられ，文
字の発明は，ヒトが音声言語機能を獲得するにいたる長い進化の時間の中に
おいては，ごく新しい出来事と言える．

　目に見えない音声を，話された通りに転写するために，切れ目のない連続
した音声を何らかの単位で分節化し，その分節単位ごとに視覚的記号を当て
はめることが考えだされた．分節化の単位は様々で，形態素（語）の単位の
代表的なものとしては，漢字があり，音節単位のものとしては，仮名文字が
ある．子音や母音の音素単位の文字としては，アルファベットが挙げられる

（表3）.[4] したがって，文字習得には，単語を意味の側面から扱うのではなく，音韻構造に注意を向け，その中に構成要素があることに気づき，それらを分解できる能力が関わっている．

1	絵文字（pictogram）	例	アメリカ先住民絵文字
2）	表意文字（ideogram）	例	アラビア数字
3）	表語文字（logogram）		
	a）形態素文字（morphogram）	例	漢字
	b）表音文字（phonogram）		
	音節文字（syllabogram）	例	仮名文字
	子音アルファベット		
	（consonant alphabet）	例	アラビア文字，ヘブライ文字
	母音アルファベット		
	（phonetic alphabet）	例	ギリシア文字，ラテン文字

表3：文字の分類（岩田（2007: 7））

3.3.2.　音韻スキル（phonological skills）

　文字は音声言語を記録するために考案されたものであるので，読みの発達や読みの障害は，音声言語の音韻情報処理に関わる音韻スキル（phonological skills）と密接な関係がある．音韻スキルとは，心理学の分野で，音声言語の処理に関わる多様な能力をひとくくりにした包括的な概念を示す用語として用いられている．読み能力との関係を考えるには，音韻処理が意識的に行われるか否かの違いにより，明示的（explicit）な音韻処理と非明示的（implicit）な音韻処理と区別される．

　明示的（explicit）な音韻処理とは，聴覚的に与えられた単語の音韻構造を把握して操作する処理をいう．この処理能力を評価する課題としては，読み

---

　[4] 上記の表では，岩田は，表意文字の典型をアラビア数字として分類している．その理由として「アラビア数字の表すものは数の概念のみであり，どのような言語で使われるかによって音声化のされ方はまったく異なっているし，また絵画性はまったく失われている」（岩田（2007: 8））と述べている．表語文字については「話し言葉を正確に記録するために考案された記号」（岩田（2007: 7））と定義している．

との関係においては，音韻意識（phonological awareness）の課題や音韻感受性課題（phonological sensitivity tasks）がよく用いられる．音韻意識の課題については次セクションで詳述する．

　それに対して，非明示的（implicit）な音韻処理とは，単語の音韻構造を意識することなく自動的に行われるものをいう．読みの発達研究でよく用いられる非明示的な音韻処理課題には，言語性短期記憶課題（verbal short-term memory tasks）や rapid automatized naming（RAN）がある．

　言語性短期記憶課題は，複数の数字や単語を聞いて，復唱し，記憶できる容量をみるものである．復唱課題では，音韻的混同効果（phonological con-fusability effect）と語長効果（word length effect）の現象が確認されており，課題の遂行に音韻情報が関与することが認められている．音韻的混同効果とは，刺激として与えられる数字や単語が，音韻的に重複・類似している場合より，音韻的性質が明確に異なる場合の方が，復唱成績がよいことである．語長効果とは，長い単語より，短い単語の方が復唱成績がよいということである．これらのことは，いずれの課題でも遂行中に，刺激語の音韻構造などを意識することはないが，語の音韻的な特質が影響していることを示唆するものである．

　RAN は，物品，色，文字（アルファベット），数字が縦横にランダムな順で記載されたものを見て，端から順にできるだけ速く呼称する課題で，視覚的刺激に対する音韻形態（名称）を長期記憶から引き出す速さ・効率性を評価するものである．

　明示的な課題も非明示的な課題もともに読みスキルとの間に強い相関があることが認められている．なかでも明示的な音韻スキルを評価する音韻意識課題成績と読みの間には，特に強い相関が認められており，読みの発達研究においては，音韻意識の発達との関連が重視されている．

3.3.3.　英語における音韻意識（phonological awareness）

　単語の中の構成音を見出し，語の音韻構造を把握して，構成音を操作する能力を音韻意識という．音韻意識は，分解，抽出，合成，削除，置換，逆唱などのさまざまな課題を用いて検査される（Wagner and Torgesen（1987），Lewkowicz（1980））．

　音韻意識は，読み習得や読みの発達と密接に関係することが，欧米圏を中

心にした多くの研究で明らかにされてきた（Liberman et al. (1977)，Bradley and Bryant (1978)，Ehri and Wilce (1983)，Wagner and Torgesen (1987)，Torgesen et al. (1994)），読み習得の前提としてある程度の音韻意識の形成が必要であること（Bryne and Fielding-Barnsley (1989)），文字習得前の音韻意識の発達の程度がその後の読み能力の発達に関連すること（Bradley and Bryant (1983)），音韻意識促進の指導が読みを促すことなど（Hatcher et al. (1994)）が明らかにされてきた．

　音韻意識は語の音韻構造への気づきである．英語の基本的な CVC 構造の単音節単語をみてみると，オンセット（C）とライム（rime）（VC）から構成され，ライムは，母音（V）とコーダ（coda，母音に後続する子音・尾子音）に分解される．より複雑な構造の単音節語は，オンセットにもライムにも連続した子音（consonant clusters）を含む．オンセットやコーダは，さらに個々の音素，すなわち，単独の子音（C）ないしは母音（V）に分解される（表4）．

Syllable	CRUST			
Onset - rime	CR		UST	
Onset vowel - coda	CR		U	ST
Phoneme	C	R	U	S	T

表4：英語の単音節語の構造（Hulme and Snowling (2009: 43)）

　音韻意識は特に教えられることなく，言語全般の発達のなかで自生的に発達し，音韻的に大きな単位から小さな単位への気づきに進むことが知られている．例えば，英語母語話者では，単音節語については，音節，オンセット-ライム，オンセット-母音-コーダ，音素へというように，大きな単位から徐々により小さい粒の意識が発達する．音節は3歳頃から形成が始まり，読み習得前の5歳児でカウンティング課題ではほぼ全員が正答できると報告されている（Liberman et al. (1974)，Treiman and Baron (1981)，Treiman and Zukowski (1991)）．オンセット-ライムは，聴覚的に与えられた数語の中から異なるものを選択する課題（例えば，mat，hat，pan のなかで，仲間はずれはどれ？）の反応から，4・5歳頃に形成されることが見出されている（Bradley and Bryant (1983)，Treiman and Zukowski (1991)）など）．音素意識の

形成の時期，様相は言語により異なるといわれており，英語圏では，読み習得の展開が音素意識の形成を促進すると報告されている．

　音韻意識の評価課題は，対象とする音韻の単位の大きさ（音節，オンセット−ライム，オンセット−母音−コーダ，音素）や課題の特質等により難易度が異なる．一般的には，大きな音韻単位の操作は小さな単位の操作より容易であると考えられている（音節やライムを操作する方が音素を操作するより容易であるということ）．課題の種類に関しては，単語内の音の異同を判断する課題（「'cat' と 'car' の最初の音は同じ？　違う？」など）よりも，単語内の特定の音を削除すること（「'cat' の最初の音は何？」「今度は 'cat' から最初の音を抜いていってみて．」など）や置き換える課題（/k/ を /t/ にして 'cat' を言って．」など）のほうが難易度が高いと考えられている．

　英語圏では，上記の諸点を考慮した課題を用いて，ディスレクシアの診断のための音韻意識の検査が開発されている（Comprehensive Test of Phonological Processing-2 (CTOPP-2) (Wagner et al. (2013))，The Phonological Awareness Test 2 (PAT 2) (Robertson and Salter (2017))，Pre-Literacy Skills Screening (PLSS) (Crumrine and Lonegan (1999)) など）．

3.3.4.　日本語における音韻意識の発達

　英語圏では，前節で紹介したような課題で，音節，オンセット−ライム，音素それぞれのレベルの音韻意識を評価する課題が開発されている．

　日本語では，読み習得は，通常，平仮名の学習から始まる．平仮名はモーラとほぼ一対一の対応関係をなしており，日本語は開音節優位の言語なので，英語のようなオンセット−ライムに分解される構造の語は極めて少ない．こうしたことを踏まえ，日本語では，読み習得に関して，モーラを単位とする音韻意識が重要であると考えられている．そこで，モーラを単位とする音韻操作課題として，単語の逆唱やモーラの削除課題を用いて，幼児期から小学6年を対象に調査を行い，これらの課題の成績が成長に伴って，どのように変化するかが調べられた（原 (2001, 2003, 2015)）．逆唱とは，単語を語尾からさかのぼって言う課題である（例えば「うし」と聞いて，「しう」と答える）．削除課題は，単語から指定されたモーラを抜いて，残りをいう課題である（例えば，「'あたま' から 'た' をとって」に対して，「あま」と答える）．

　調査からは，文字習得の始まる就学前後にかけて，表5に示したような結果が得られた（原 (2001, 2003)）．就学後の発達変化は，より多くのモーラをより速く操作できるようになることに見出された（原 (2015)）．

達成年齢	達成課題
4歳後半	直音節から構成される語の音韻分解，語頭音抽出，語尾音抽出
5歳前半	語中音抽出
5歳後半	しりとり，2モーラ語の逆唱
6歳前半	2・3モーラ語のモーラ削除
6歳後半	4・5モーラ語のモーラ削除
7歳前半	4モーラ語の逆唱

表5：就学前後の音韻意識課題達成年齢（原 (2003)）

4. ディスレクシアのある児童生徒

　本章は日本語母語話者でディスレクシアのある児童生徒の英語学習の困難を音韻的側面から考えることをテーマにしているが，ディスレクシアがある児は，第二言語としての英語を学習する以前に，日本語の言語発達，特に，読み書きに困難を生じる．ここでは，日本語でどのような困難さを生じるか2名の事例を通して考えてみたい．

4.1. 低学年で平仮名の学習困難を呈した事例

　小学校1年3学期に，読むことが苦手であることを主訴として初回面接を行った男児である（以下，A児とする）．A児の知的発達は，知能検査の結果，正常範囲であった．初診時の検査時点では，平仮名が全く習得されていなかった．A児は，机上にランダムに並べられた平仮名カードから，自分の名を示す3文字を選択することはできたが，並べ方がわからなかった．このことは，自分の名前を示す文字の形態は記憶していたが，それぞれの文字の読み方は理解できていなかったことを示している．

　就学前に在園していた保育園では，特に言語発達等に関して問題を指摘されることはなく，集団適応の問題もなかった．絵本を持ってきて読んでほし

いとせがみ，読み聞かせを楽しんだが，文字への関心はなく，自分から読もうとすることはなかったとのことであった．A児は室内の遊びより，園庭での外遊びを好み，保護者は，A児が友達と走り回って楽しんでいる様子を見て，文字に関心がないだけで，時期がくれば問題はないだろうと，文字学習に関して心配することはなかった．しかし，小学校入学後，宿題の文字練習を極端に嫌がる様子から，文字学習が進まないことに気づき，担任に相談して，専門機関を受診することになった．

　言語聴覚士による言語能力の検査が行われた．音韻分解課題では，「りんご」，「きって」，「カード」を2単位に分解し，音節の意識は形成されているが，モーラ意識は未熟であることがうかがわれた．2つのタイルを用いて，2モーラ語「うし」のモーラ構成を視覚的に示し，語尾から逆にいうこと（逆唱）の説明を繰り返したが，理解できなかった．このことから，音韻意識は，年中児（5歳児）より未熟であると推測された．理解語彙検査では，語彙知識は年齢相当という結果であった．

　A児に対しては，キーワード法（ターゲット文字を語頭にもつ有意味語を用いて，指導する方法）により，平仮名1文字の読みの指導を行い，約半年かけて，平仮名の読みを習得した．小学2年の夏休みまでには，単文字は正確に速く読めるようになった．しかし，その後，2文字単語の読み指導を始めたところ，単文字なら問題なく読めるのに，単語の中では，正確さと流暢性が一挙に崩れることが生じた．このことは，文字列を単語として読むことには，1文字ずつデコーディングすることとは質の異なる処理が求められることを示唆している．2文字の表す2音を1つの単語としてまとめあげるには，心的辞書内の語彙の音韻表象（音韻表示）と照合すること，語にふさわしい抑揚をつけて産出することなどが求められ，2つの音を単に連続して産生するよりも複雑な音韻処理を必要とする．A児の読みの力は，2・3文字単語の読み指導を丁寧に進めている途上で，一気に4文節の単文，数文からなるテキスト，そして，短い文章までをある程度の流暢さで読めるようになり，急速な伸びを示した．この発達は，単語をたくさん読むことにより，複数音の操作をたくさん経験し，音の操作に習熟したことに支えられたと考えられる．

　A児の仮名文字の読みは，上記のような過程をたどって発達したが，学年相当の読み教材をこなすことは困難であった．A児の流暢さは，学年平

均と比べると常に差は大きく，流暢性において，キャッチアップすることはできなかった．国語のテストは，振り仮名をつけてもらって受けた．設問に書かれた文言と同じものを問題文中に見つけて，その前後を読んで，推測して回答したが，すべての問に答えることはできなかった．それに加えて漢字学習が大きな課題であった．A 児の漢字学習は，A 児なりのゆっくりとしたペースで進んだ．小学 3 年の時に小学 1 年配当の漢字を約 70%，小学 4 年では，小学 2 年配当の漢字を約 65% 読むことができたが，この力では，板書を写すことはできなかった．わかる範囲でノートに板書の一部を書きなぐっていたのを，隣席の児童が見て，判読できない状態「汚い字」とを指摘されたことをきっかけに，不登校となった．それ以降，中学 3 年間，不登校児の支援のために設置された教室に時々通い，高校は学習障害のある児童生徒に対して専門的な支援を行う私立校に進学した．

4.2. 中高学年で漢字の学習困難を呈した事例

　小学校 4 年で，担任から，知的な問題はないと思われるのに，漢字の定着が著しく悪いと指摘され，専門機関を受診した女児である（以下，B 児とする）．担任の指摘を受けて，家庭で母親が指導を試みたところ，数十分かけて，3 文字を何回も書いて練習させた後で，確認を行うと，ほとんど書くことができず，母親が問題の重篤さを初めて認識した．

　B 児に対して，知能検査と言語検査が実施された．B 児の知的レベルは平均域であった．平仮名の読み書きは正確にできたが，音読の遅さが顕著であった．カタカナは，想起できない文字（ケ，ヲ，チ），形を誤った文字（シ，ツ，セ）が数文字あったが，それ以外は，ほぼ習得されていた．学年相当の漢字の読み書きは極めて困難であった．特に，書くことが困難であった．漢字の読みでは，「学校名」を「がっこうなま」，「大切」を「だいきり」，「海外」を「うみそと」と読み誤った．漢字の書きの誤りには，「あるく」を「足く」（意味的に関連した文字の使用），「せんせい」を「生先」（熟語の漢字の順序を入れ替えたもの），「としょ」を「国書」（形の類似した文字との混同），「こころ」を「心ろ」（過剰な文字の付加）と記す誤りが見られた．学年相当の漢字の読み書きが困難であったので，学年にふさわしい文章を読むことが難しく，読解成績が低下し，読むことによって得られる知識の習得を妨げた．

　B児の平仮名単語の音読速度は，小学4年時点で，小学1年レベルであり，遅さが顕著であった，音韻意識課題の成績は，単語逆唱の正答率と反応時間が小学1年レベル，削除課題（'あたま'から'た'をとるとどうなりますか？　正解は'あま'）においては，正答率は小学4年相当であったが，反応時間は小学1年相当で，これらの結果から音韻意識の未熟さが認められた．

　B児の指導は，読解と学習言語の語彙の中で重要な漢字熟語に焦点をあてて行った．熟語の指導では，漢字1文字に対応する読み方を示し，それらを統合して熟語全体の読み方を教えることがよく行われる．それには，熟語全体の音韻表示を漢字ごとに分割して，統合するという音韻操作が必要とされる．B児は，そうした学習方法について，「'運転'を'運動'の「ウン」と'回転'の「テン」を合わせて，「ウンテン」と説明されても，聞いているだけで頭がごちゃごちゃになってしまう．何が何だかわからなくなるから，そういう説明はしないでほしい．」と拒否し，「'運転'を丸ごと「ウンテン」と覚える方がやりやすい．」と述べた．B児のこのような語の全体を丸ごと学習するスタイルの背景には，音韻表象を分解することができず，丸ごと覚えざるをえない音韻操作の弱さが関係していると推測された．

　B児の読み書きは，B児なりのペースでの向上が認められた．音読の速度は，学年の上昇に伴い徐々に流暢性が増したが，音読時間は常に学年平均より大きくかけ離れて遅かった．そのため，長文読解問題は，制限時間内で全部読み切れなかった，しかも，文字を読むことに精いっぱいで，内容を考えながら読むことまでには至らず，得点を得ることは難しかった．テストでは，漢字に振り仮名をつけてもらう，担任に読み上げてもらうなどの配慮を受けた．B児は，自分から自発的に本を読むことはほとんどなく，最後まで読み通した本は，小学校の6年間で一冊もなかった．漢字の習得具合は，読みは2学年下の漢字の読みが6割程度，書きは3〜4割程度であった．特に難しかったのは，音列の長い語（四字熟語など）の読み方（音韻表示）を覚えることであった．送り仮名の誤りも多く見られた（先述した「こころ」を「心ろ」，「さかな」を「魚な」のような余分な文字を付加する誤り，「うしなう」を「失なう」と記す動詞の送りがなの誤りが多く見られた）．その他，一度誤って学習した読み方や語彙の修正がしにくいことが特徴的であった（「実用的」を「じゅうじつてき」，「おなじみ」を「おなじ」など）．

180

　中学入学後の社会科のテストで「歴史の勉強で面白いと思うこと，知りたいと思うことは何か」という問いに対する B 児の回答を以下に示す．平仮名での特殊モーラの表記は定着しているが，漢字の使用の困難さが顕著に示されている．B 児は，通常は，助詞を正しく使って文を作ることができるのだが，この回答には，助詞の誤りがある．テストの時間制限が設けられたプレッシャー下では，余裕のある状況ならカバーできる文字・音対応の未熟さが露呈し，誤りに気づけなかったものと思われる．

　中学の社会のテストでの質問に対する B 児の回答

> れきしじょうの人物がなにをしたのかがわかるところ．
> なぜのぶながわころされてしまったのかをしりたい．

4.3. ディスレクシアの音韻の問題

　B 児の指導では，前述したように漢字熟語の学習に重点を置いた．その理由は，学齢期の言語発達の課題は，学習の手段や，思考・推論，あるいは知識を得るための道具としての言語の力を伸ばすことであり，漢字熟語のような抽象的で高度な語彙の習得は，その中核をなすものであるからである．こうした語彙は口頭での日常会話では，ほとんど使用されることはなく，通常は，読書など書きことばを通して学習される．しかし，ディスレクシアのある児童生徒は，読む経験がない／極めて乏しいので，他の手段で語彙の習得を支えることが必要なのである．

　小学 6 年で「発言」を指導でのターゲット語としたときに，B 児は，「こういうことばは，普段使わないから，やっても無駄だと思う．学校では‘はつげん’なんてことば，聞いたことない．」と言い，一時，熟語の指導を中断した時期があった．B 児は自らの文字の読み書きの苦手さはよく認識していたが，話す・聞くことには問題を感じておらず，板書は読めなくても，授業内容は，教師の話を聞くことで，十分理解できると自信をもっていた．

　しかし，中学入学後すぐに，B 児は，授業を聞いても理解できないという事態に直面した．中学校の教師が授業の説明で用いる語彙や表現（教室言語）は，小学校で用いられるものより高度で抽象的なものが多く，B 児の心的辞書にはない語が多用されたと推測された．

　上記のエピソードから，音韻処理能力の弱さは，B 児の語彙形成に影響

したことがうかがわれる．子どもたちは，初めて聞く音列として新しい語と
出会う．それを即座に正確に聴き取って，その明確な音韻表象を一時的に短
期記憶に保持し，その語の意味にまつわる説明（熟語の成り立ち，例文，関
連語など）を聞き，語の意味と音韻表示を長期記憶内の心的辞書に貯蔵する
ことが語彙を習得するということである．

　図5は，心理の分野で考えられているディスレクシアの音韻の問題と読
みとの関係を示したものである．

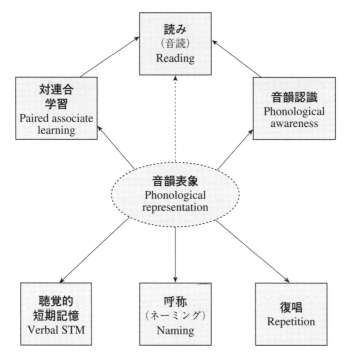

図5：異なる音韻処理と読みにおける因果関係（スノウリング（2008: 87））

　ディスレクシアの音韻面の障害の中核は，音韻表象（または音韻表示とも
いう）（phonological representation）の問題である．音韻表象が関わる処理
はいろいろあるが，その中で，音韻意識（音韻認識ともいう）と，対連合学
習（音と文字の対応学習）は，直接，読みに影響する　その他，音韻表象が
関わる処理で，読みとの関係で扱われることが多いものとしては，聴覚的短

期記憶，呼称，および，復唱があるが，これらの処理と読みとの関連は，音
韻意識・対連合学習ほど直接的ではない．

　B児の「発言」に関してのエピソードを考えてみると，小学校生活の中で，
B児が「発言」という語にまったく触れることがなかったとは想定しにくい．
授業や学級会活動などで使われていたと思われるが，B児の聴覚的な短期
記憶の弱さや音韻表象の把握の曖昧さや弱さから，その語を認識できず，そ
の結果その語に「触れた」という実感が持てなかったと考えられる．B児の
音韻処理の弱さは，このように母語における語彙習得に影響したが，第二言
語としての英語学習では，より一層深刻で広範な影響を与え，大きな困難が
生じた．そのことについては6節に記す．

4.4.　日本語での学習で顕在化するディスレクシアの問題のまとめ

　A児，B児に見られる日本語でのディスレクシアの障害の現れ方につい
てまとめると，以下のことがいえよう．

　1点目は，ディスレクシアの読みの障害の重症度は軽度〜重度までスペク
トラムをなしており，臨床像は多様であることである．ディスレクシアの障
害基盤とされる音韻障害の重症度には個人差があり，音韻障害に，各児の個
人的要因（知的レベル，能力間のバランス，興味関心など）がからんで，読
みの困難さは軽度から重度まで多様な臨床像を示す．重度の場合は，低学年
で，平仮名の学習が進まないことで気づかれる．中等度の場合，平仮名はな
んとか学習し，中学年以降に，漢字の学習が困難になり，障害が明らかにな
ることが多い．障害が軽度であると，小学校では見過ごされ，中学での英語
学習で大きな壁にぶち当たり，初めて読みの問題に気づかれることが少なく
ない．このように，ディスレクシアは，重症度や年齢によって，異なる問題
として顕在化するので，注意深い観察が必要である．

　2点目は，ディスレクシアの音韻の障害は，読みだけでなく，語彙習得と
読解にも影響する可能性があることである．ディスレクシアがあると，読書
経験が乏しくなり，読書を通して習得する語彙，特に，会話では使われるこ
とのない，抽象的で高度な語彙の習得に影響がでることは，IDAの定義に
も記されており，よく知られている．しかし，ディスレクシアの音韻障害
は，書きことばの学習だけでなく，話しことばを通した学習にも影響する可
能性があることにも留意が必要である．健常児は，話しことばのやりとりの

中で，聞きなれない言葉を耳にすると，すぐに，「○○って何？」や「今，○○っていったの？」と敏感に反応して，自ら語彙を増やしてゆくが，音韻処理の弱さがあると，B 児のように，なじみのない語を即座に把握しづらく，聴覚を通しても語彙が広がりにくいことがあり，語彙の量や内容を注意して観察する必要がある．

5.　言語によるディスレクシアの問題の現れ方の異なり：日本語と英語

　前節で音韻の障害の重症度には個人差があり，ディスレクシアの重症度の個人差を生じることについて述べた．

　同一言語のモノリンガル環境における個人差ではなく，バイリンガル環境にいる個人内で，言語によって，困難さの様相が異なることが報告されている（Wydell and Butterworth (1999)）．Wydell らが報告した症例 AS は，日本語と英語のバイリンガル児である．英語母語話者である両親のもとに日本で生まれ育ち，日本の学校教育を受けた．日本語の能力は極めて優れており，高校生のときに，漢字と仮名の読み書きに関しては，大学学部あるいは大学院生レベル相当の能力があると認められた．英語に関しては，彼のアルファベットの文字名，文字音の知識に問題はなかったが，英語の読み書きおよび音韻処理能力は，同学年と比較して劣っていた．AS は，日本語ではディスレクシアの症状は見られなかったにもかかわらず，英語では，ディスレクシアと診断された．この症例は，言語ごとに異なる音・文字対応の構造が読みの状態の異なりと関係することを示しているという点で注目された．

　AS に見られた日本語と英語のディスレクシア症状の不均衡を説明する仮説として，Wydell らは ‘粒性と透明性の仮説 (hypothesis of granularity and transparency)’ を提唱した．それは，言語の書記体系の複雑さの度合いを透明性と粒性の2つの側面で考えようとするものである（図6）．

　透明性とは，文字・音対応の規則性の度合いを示し，文字・音対応が一対一で規則的なものは透明性が高く，そうでないものは，透明性が低い／不透明とされる．透明性の側面からすると，日本語の仮名やイタリア語のアルファベットは，透明性が極めて高く，英語やデンマーク語におけるアルファベット，日本語の漢字は，透明性が低いと位置づけられる．透明性が高いもののほうが，習得が容易であると考えられている．

　一方，粒性とは，最小の書記単位が表す音の粒の大きさをいう．イタリア語，ドイツ語，英語，デンマーク語では，一書記素は一音素を表し，粒性は小さい．それに対して，日本語の仮名は一文字が一音節・モーラを担うので，音素を表すイタリア語などよりは，粒性が粗い (coarse)．漢字は，一文字が一語を表し，一文字が担う音は2モーラ以上で音の粒が大きいものがほとんどである（例えば，'志'（こころざし）は5モーラである．）．漢字の粒性は仮名文字より一層粗いことになる．文字と音の対応が不規則であっても，一文字が表す音の粒性が粗い書記体系では，ディスレクシアが生じる率は低くなると考えられている．

　この仮説では，図6で薄い影がついた部分の書記体系では，ディスレクシアの発生率は高くならないと予測している．その部分に該当するイタリア語や日本の仮名文字は，文字・音対応が，ほぼ一対一で規則的で，透明性が極めて高く，また，日本語の漢字は，文字・音対応は不規則であるが，文字が表す音の粒性がとても粗いからである．

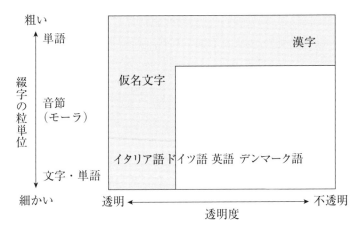

図6：粒性と透明性-綴字から音韻への対応に関する-仮説（スノウリング（2008）より）

　Wydell らは，この仮説にもとづいて，バイリンガルであった AS 児が，日本語の読み書きでは特段の困難を生じなかったにもかかわらず，英語の読み書きでは困難が生じたのは，英語のほうが，日本語より粒性が小さく，文

字・音対応が不規則であったことによると考えた.

　ASのようなバイリンガルではない，多くのモノリンガルの日本語母語話者にとって，母語と異なる第二言語である英語の学習には，母語獲得とは異なる習得の努力を必要とするが，ディスレクシアがある場合，英語学習の困難さはより一段と大きなものとなる. 日本語でディスレクシアの症状が認められたら，英語学習では，ほぼ必ず困難が生じることが予想されるし，日本語での問題はごく軽微で，見過ごされても，英語では困難さが顕在化する. 英語の必修化，教科化，特に，小学校での英語の読み書きの導入を考えると，小学校で，ディスレクシアの問題が顕在化する児童生徒数の増加が想定され，学習障害の二次的な問題としての心身症の発症や，学校不適応，特に不登校の児童生徒が増加することが懸念される.

6.　英語学習の問題：B児の事例を通して

　B児は，中学入学後，2つの問題に直面した. 1つはすでに5.3節および5.4節で論じたことだが，語彙習得の問題である. B児は，読み書きの苦手さがあることは自覚していたが，小学校の時は，聞くことによって理解し，知識を得ることができるという自信をもっていた. しかし，中学入学直後に，授業の説明が理解できない，聞いてもわからないという事態に直面し，聞けばわかるという自信が打ち砕かれてしまった.

　2つ目の問題は，英語の学習であった. B児は，中学入学時に，子音字と母音字で50音を表記するというローマ字の規則はほぼ理解できており，ローマ字の大文字で自分の名前を記すことはできた. アルファベットの小文字の習得にはやや時間がかかったものの，1学期の終わりまでには，ほぼすべて習得できた. ただし，アルファベットの文字名は習得されていたが，文字音はわからなかった.

　小学校での読みの困難さの状態から，B児が中学で英語の学習，英単語の読み書きに困難を生じるであろうことは予想された. しかし，実際には，読み書きだけでなく，英語を聞くこと，話すことも難しいという事態に直面した.

　B児の英語の困難さは，まず，英単語の音の形（音韻表象）が覚えられないという形で現れた. 中学1年の最初に学習する /ai/(I)，/juː/(you)，/hiː/

(he), /ʃiː/(she), /ðis/(this), /ðæt/(that), /hiɚ/(here), /ðeɚ/(there), /what/(what), /hweɚ/(where), /when/(when), /hwitʃ/(which), /huː/ (who), /iznt/(isn't), /aɚnt/(aren't), /its/(it's) などの基本語を聞いて（文字を見てではなく）音を覚えることが困難であった．/hiː/, /ʃiː/ は，'彼' か '彼女' のどちらかであることはわかるのだが，どちらが '彼' で，どちらが '彼女' であるかがなかなか定着しなかった．/ðis/, /ðæt/ や /hiɚ/, /ðeɚ/ などの対語に関しても，同様のことが生じた．覚えにくさは語の長さとは関わりがなく，単音節語であっても，特に，日本語にない音素（例えば，/ð, θ, f/ など）が含まれている語にその傾向が強く認められた．覚えにくい単語の多くは，日常会話や文章で頻繁に使われ，つづりの面では，発音の規則から外れる例外的なものが多かったが，それらは英語の母語話者にとっては，読み書き習得の初期の段階で，単語全体を丸ごと覚えて，目にしたらすぐ理解できることを求められる基本単語であった．

　B児は，英語の困難さに対して，塾での補習を受けることにした．B児がまず，塾で希望したことは，教科書の暗記対策であった．中学1年の英語の教科書は，短い対話の形（スキット）で構成されており，授業では，毎回生徒が2人ペアになり，暗記して，スキットを実演した．B児は，スキットでペアを組む相手に迷惑をかけないように，教科書にカタカナでルビを振ってもらい，それをひたすら丸暗記した．カタカナで記されたものを覚えることで精いっぱいであったので，単語や句のまとまりを意識し，イントネーションやポーズを意識して発話することは困難で，棒読みのようになってしまった．

　B児は，読むこと以上に単語をつづることが困難であった．B児のスペリングの誤りには，apple を apuru に，school を skulu に，というようなローマ字の影響と日本語の音韻体系の影響で，母音を挿入して聞き取っている様子がうかがわれた．

　英語の定期試験では，リスニングテストの部分は，多肢選択式で出題されることが多く，聞き取れた部分から推測して，なんとか得点することができたが，それ以外は，ほとんど回答することができなかった．和文英訳課題では，単語の並べ替え形式のものは，若干手をつけることができたが，全部を自分でつづることは，極めて困難であった．英語のテストはいつも 20 ～ 30 点程度であった．

　B児の英語学習の事例が示すものは，以下のようにまとめられる．日本語母語話者でディスレクシアがある場合，日本語で一番重要とされるモーラの音韻意識が弱いと考えられる．英語は，日本語のモーラよりもさらに小さい音素に基づくアルファベットを用いて読み書きする．したがって，英語の読み書きは，日本語の読み書きより，一層困難になることが推測される．それのみならず，ディスレクシアの原因である音韻スキルの問題は，文字を介在としない，音声言語を通した英単語の音を把握し記憶することに困難を生じさせ，英語の読み書きだけでなく，英語を聞く，話す活動もまた妨げられる．

7.　英語学習支援

　英語の小学校での教科化により，ディスレクシアのある児童生徒の英語学習の困難さが懸念され，特別支援教育の領域でディスレクシアのある児童生徒への英語指導に対する関心が，高まっている．日本LD学会は，「LD（学習障害）・ADHD（注意欠如多動性障害）等の発達障害に関する研究・臨床・教育の進歩向上を図るとともに，LD等を有する児（者）に対する教育の質的向上と福祉の増進を図ることを目的に，1992年に設立された」（日本LD学会HPより）．その学会誌「LD研究」の掲載論文，および，年1回の大会での発表（口頭発表およびシンポジウムの本数）を2018年・2019年の2年間と，約10年前の2007年・2008年の2年間で比較すると，2007年・2008年は論文0，口頭発表およびシンポジウム7本に対して，2018年・2019年は論文1本，シンポジウム・口頭発表17本と増加しており，関心の高まりが研究に反映されていることがうかがわれる．2018年には，大会企画シンポジウムとして，「大会企画シンポジウム　小学校英語教科化を見据え実践的指導」が開催され，多くの聴衆をあつめた．

　読み書き障害のある児童生徒の英語指導についての研究動向を知るため，日本での論文情報検索システムであるCiNii articlesで，学習障害/読み書き障害/ディスレクシア/発達性ディスレクシア/読み書き困難/発達性読み書き障害，および，英語/英語指導をキーワードとして入力すると（2020年11月15日最終アクセス）45編が抽出された　その内訳は，読み書き障害の英語学習困難の背景にある認知特性に関するもの11編，指導法16編，調査

188

研究2編，障害判定1編，メンタルヘルス1編，遺伝学1編，アセスメント法1編，教材1編，細胞構築1編，授業デザイン・ユニバーサルデザイン3編，長期事例報告1編，総説4編，その他2編である．

　英語の指導について書かれた論文で用いられた指導法は，フォニックスおよびフォニックスと多感覚法を用いたもの15編，見本合わせ法を用いたもの1編であった．

　以上のことより，現在，日本語母語話者のディスレクシアのある児童生徒に対する英語指導法の研究への関心が高まりつつあり，指導は，フォニックスを中心に展開されているとみることができよう．

　フォニックスは，英語母語話者のディスレクシアのある児童への指導法として広く推奨され，実践されている．フォニックスによる指導は，多くの場合，多感覚法とともに行われる．多感覚法（Multisensory Structured Language: MSL）とは，ディスレクシアの父ともいうべきOrtonとその共同研究者であるGullinghamが開発したOrton-Gillingham法から始まり，改良されてきた指導法である．複数の感覚を活用することによって，学習したものを短期記憶から長期記憶へ効率的に送り込むことができ，学習の定着を高めることが期待できるという考えに基づいている．感覚のなかでも，特に，視覚，聴覚，運動感覚，触覚の4つの感覚の活用が重視されている．例えば，砂で満たされたトレイに，文字の表す音を言いながら指で文字を書く活動では4つの感覚のすべてが活性化されることによって，文字と音との対応関係がより強くインプットされ，学習を促進すると期待されている．また，腕を他方の腕で，上から順に3か所軽く叩きながら，/k/ – /æ/ – /t/ と一音素ずつ発音した後，/kæt/ と言いながら，上腕から手首まで腕を滑らせる活動は，個々の音素の意識と，各音素が合成されて1つの単語のまとまりとなることが，身体感覚とともにインプットされ，学習されやすくなると考えられている．色分けした文字タイルを一音素ずつ発音しながら組み合わせて，単語を作り，単語を発音するなど多彩な教具を活用したプログラムが用意されている．

　フォニックス法は文字と音（音素）の対応を明示的に教える指導法である．フォニックスの指導法は，大きくanalytic phonicsとsynthetic phonicsに大別される．

　Analytic phonics は，単語の中の音素への気づきを促し，単語を音素に分

解させるものである．複数の単語に共通する部分に気づかせること，オンセットとライムを意識させることから指導が開始されることが多い（音の類似した語群，例えば，cat, hat, mat の共通する構成要素に気づかせるなど）．一方，synthetic phonics は要素の断片をあわせて，語を構成させることに重点をおくものである（例えば，h と am から ham を構成するなど），synthetic phonics のほうがより有効であることが報告されているが（Johnston, McGeown and Watson (2012)），実際の指導では，両方の長所を取り入れて，対象児に合わせて柔軟に活用されている．いずれのフォニックス法も，オンセットとライムへの意識から音素の意識へと進むこと，文字と音（音素）の対応を明示的に教えることは共通している．

8.　英語の指導で考慮すべきこと

　上述したように，現在日本でディスレクシアのある児童生徒の英語指導として試みられているのは，フォニックスを用いた方法が多い．

　フォニックス法は，英語を母語とするディスレクシアの児童生徒の読み支援方法として開発され，広く実践されており，その有効性が報告されている．英語母語話者を主な対象とした指導法を，英語を母語としない日本語母語話者に適応するには，慎重な検討が必要だと思われる．

　英語母語話者でフォニックス指導の対象となるのは，主に就学前の幼児から，低学年の学齢児である．幼児期は，どの言語圏にあっても，やりとりを通じて音声言語を発達させる時期である．子どもは，その過程で，たくさんの言語刺激の中から，母語で許容される音や音連鎖の知識を蓄積しつつ，環境言語から単語を切り出し，理解を深め，一方で，自ら単語を産生し，このインプットとアウトプットの2つの処理を通して，語彙，単語の音韻表示を蓄積する．これらの処理を活発に行うことによって，6歳までに，子どもは14000の語を心的辞書に貯蔵するといわれている（Dollaghan (1994)）．

　フォニックス指導に際しては，その前提として，英語母語話者の子ども達は，ディスレクシアがあろうとも，母語の音声言語の発達の過程で，すでに豊富な語彙の貯蔵があることを考慮する必要がある．

　第二言語として英語を学習しようとする日本語母語話者の子ども達は，このような英語の音声言語の処理の経験や語彙の蓄積がほとんどない状態で，

英語学習を始めることになる.

　英語のインプットの刺激量も母語話者と第二言語学習者では，全く異なる．母語話者は生活の中で，言語刺激に取り囲まれているのに対して，教室で週数時間英語に触れるだけでは，英語の刺激量は母語話者が経験する膨大な言語の刺激量と比較すれば，格段に少ない．

　母語話者と非母語話者間には，このような言語環境と言語経験における大きな違いがあることを認識する必要がある．

　英語圏での研究では，音韻意識は大きな単位から小さな単位へと発達し，オンセット-ライムは，音節と音素の間にあって，より小さな音素意識への橋渡しとなる単位である．英語圏の子ども達にとっては，Mother Goose をはじめとする nursery rhymes は極めてなじみが深いものである．Nursery rhymes に含まれているものはどれも韻を踏んでおり，童謡を聞き，口ずさむ中で，自然に音節をオンセット-ライムに分割する意識の形成が促進される．

　しかし，日本語母語話者にとっては，音節構造の分割の仕方が異なることが報告されている．単音節語であるペン /pen/ について「英語の pen という単語を 2 つの部分に分けるとすると，p-en と pe-n のどちらが自然と思われますか？」と山口大学人文学学生 155 名を対象として尋ねたところ，オンセット-ライムで分解する p-en と回答したものは 36 名（23.2%）にすぎず，119 名（76.8%）は，pe-n と分解したことが報告されている（太田（1998: 156–157））．

　同様のことは，英語母語話者についても報告されている．カリフォルニア大学サンタクルズ校社会学専攻学生 113 名を対象に同じ課題を行ったところ，p-en で分解したもの 56 人，pe-n と分解したもの 57 名と拮抗した結果であった．英語母語話者にとっても，オンセット-ライム構造が必ずしも優位とはいいきれない可能性が示唆された（太田（1998: 179–180））．

　英語は閉音節語が多いが，日本語では，単音節語で CVC 構造のものは，後半の子音が N（撥音）の場合だけである（缶 /kaN/，千 /seN/ など）．日本語は開音節語が圧倒的に多く，子音＋母音の結合が強い言語なので，日本語母語話者には，音節をオンセット-ライムに分解することはなじみにくい．そのため，英語の CVC 構造の語（例えば bus /bʌs/）を日本語母語話者は，語尾の子音 /s/ に母音を付加して，/basu/ と 2 音節として聞き取ることが自

然に行われる（図7）.

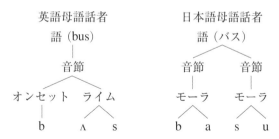

図7：英単語（bus）の認識　英語母語話者 vs 日本語母語話者

　こうした日本語母語話者の英語音声の聴き取り方や分節化の特性を考慮すると，英語圏のフォニックスの指導をそのまま日本語母語話者に対して用いることは適切とはいいがたい．特に，音韻処理に弱さがある日本語母語話者でディスレクシアのある児童生徒に対してフォニックスを適用するには，慎重な検討が必要である．日本語母語話者の言語環境や音韻処理の特性を考慮した導入，展開の方法，独自の新たな支援方法の開発が期待される．

9.　まとめ

　本章は，日本語で読み書きの困難のある児童生徒の視点から，第二言語としての英語学習・英語教育を考えるものである．

　ディスレクシアは，言語の音韻処理の弱さによる読みの障害である．音韻処理の弱さは，母語の日本語において‘読む’，‘書く’の困難を生じさせるだけでなく，語彙習得を阻害し，語彙の想起の問題を引き起こし，‘聞く’‘話す’においても困難を生じさせる．

　第二言語としての英語の学習では，新たに膨大な量の音韻表示を覚えることが求められる．それは，音韻処理の弱さのあるディスレクシアのある児童にとって，極めて困難な課題であることを英語教育に携わるものは認識する必要がある．

　我々の生活は文字にあふれており，読み書きは，学業はもとより，安定した就労，社会生活を送る上で必須のスキルである．読み書きの困難は，学業や生活において大きな不便を引き起こすだけでなく，自尊感情を傷つけ，心

身の病にいたることも少なくないことが，もっと広く理解されることが望まれる．

　グローバル化には，英語スキルが必須という考えから，英語教育の早期開始が求められている．グローバル化に必要なことは，英語スキルだけでなく，異なる人種，文化，宗教，地域，性別等の多様性の理解も欠かすことができない．障害による様々な困難さについて理解することも多様性の理解の一貫である．子どもの地域や学校内で，一人ひとり異なる困難さがあることに対する理解が広がることは，優れた教育実践である．児童生徒一人ひとり異なる個性があること：特別な支援が必要な友達がいること：支援を受けることは決して特別扱いではなく，当然のことであること：誰でも必要なら，支援を求めることができることなどの考え方が広く社会に浸透することが望まれる．

　しかし，学校での英語教育，特に，始まって間もない小学校での英語教育においては，ディスレクシアのような，学習の困難が予想される児童生徒を理解し，支援や対応が十分に考えられているとはいいがたい現状がある．

　ディスレクシアの困難さの理解が進み，学習，特に第二言語としての英語学習の困難への支援方法，支援体制の早急な確立が切に求められる．

参 考 文 献

Alexander, James (2015) "Socialism," *George Bernard Shaw in Context*, ed. by Brad Kent, 230-237, Cambridge University Press, Cambridge.

Anderson, John and Collin Ewen (1987) *Principles of Dependency Phonology*, Cambridge University Press, London.

安藤貞雄 (2005)『現代英文法講義』開拓社，東京.

Archangeli Diana (1988) "Aspects of Underspecification Theory," *Phonology* 5, 183-207.

Baker, C. L. and Michael Brame (1972) "Global Rules: A Rejoinder," *Language* 48, 51-75.

Beckman, Jill (2004) "Positional Faithfulness," *Optimality Theory in Phonology*, ed. by John J. McCarthy, 311-342, Blackwell, Malden, MA.

別宮貞徳 (1977)『日本語のリズム』講談社，東京.

Beltrami, Pietro G. (1991/2002) *La Metrica Italiana*, Il Mulino, Bologna.

Berko, Jean and Roger Brown (1960) "Psycholinguistic Research Method," *Handbook of Research Methods in Child Development*, ed. by Paul Mussen, Wiley and Sons, New York

Berwick, Robert C. and Noam Chomsky (2011) "The Biolinguistic Program: The Current State of Its Development," *The Biolinguistic Enterprise: New Perspectives on the Evolution and Nature of the Human Language Faculty*, ed. by Anna Maria Di Sciullo and Cedric Boeckx, 19- 41, Oxford University Press, Oxford.

Bloomfield, Leonard (1933) *Language*, Holt, Rinehart & Winston, New York.

Bradley, Lynette and Peter E. Bryant (1978) "Difficulties in Auditory Organization as a Possible Cause of Reading Backwardness," *Nature* 271, 746-747.

Bradley, Lynette and Peter E. Bryant (1983) "Categorising Sounds and Learning to Read—a Causal Connection," *Nature* 301, 419-521.

Byrne, Brian and Ruth Fielding-Barnsley (1989) "Phonemic Awareness and Letter Knowledge in the Child's Acquisition of the Alphabetic Principle," *Journal of Educational Psychology* 81(3), 313-321.

Carpenter, Charles A. (2009) *Bernard Shaw as Artist-Fabian*, University Press of Florida, Gainesville.

Catford, John C. (2001) *A Practical Introduction to Phonetics*, 2nd ed., Oxford

University Press, Oxford.［竹林滋・設楽優子・内田洋子（訳）（2006）『実践音声学入門』，大修館書店，東京。］

Chomsky, Noam (1995) *The Minimalist Program*, MIT Press, Cambridge, MA.

Chomsky, Noam (2004) "Beyond Explanatory Adequacy," *Structures and Beyond: The Cartography of Syntactic Structures*, vol. 3, ed. by Adriana Belleti, 104–131, Oxford University Press, Oxford.

Chomsky, Noam (2005) "Three Factors in Language Design," *Linguistic Inquiry* 36, 1–22.

Chomsky, Noam (2007) "Approaching UG from Below," *Interfaces + Recursion = Language?: Chomsky's Minimalism and the View from Syntax-Semantics*, ed. by Uli Sauerland and Hans-Martin Gärtner, 1–29, Mouton de Gruyter, Berlin.

Chomsky, Noam (2008) "On Phases," *Foundational Issues in Linguistic Theory: Essays in Honor of Jean-Roger Vergnaud*, ed by Robert Freidin, Carlos P. Otero and Maria Luisa Zubizarreta, 133–166, MIT Press, Cambridge, MA.

Chomsky, Noam and Morris Halle (1968) *The Sound Pattern of English*, Harper and Row, New York.

中央教育審議会（2016）「幼稚園，小学校，中学校，高等学校及び特別支援学校の学習指導要領等の改善及び必要な方策等について（答申）（中教審第 197 号）」

Cinque, Guglielmo (1993) "A Null Theory of Phrase and Compound Stress," *Linguistic Inquiry* 24, 239–298.

Cinque, Guglielmo (1999) *Adverbs and Functional Heads: A Cross-Linguistic Perspective*, Oxford University Press, Oxford.

"cockney, n. and adj." (2019) Oxford English Dictionary, Oxford University Press, Oxford. https://www.oed.com/view/Entry/35467?rskey = MIFLQW&result = 1&isAdvanced = false#eid (accessed 18 August 2020).

Collins, Beverley (1987) "Sweet, Jones and Bernard Shaw," *Henry Sweet Society for the History of Linguistic Ideas Bulletin* 9(1), 2–7.

Compton, Aurther (1970) "Generative Studies of Children's Phonological Disorders," *Journal of Speech and Hearing Disorders* 35, 315–339

Cope, Natalie, Denise Harold, Gary Hill, Valentina Moskvina, Jim Stevenson, Peter Holmans, Michael J. Owen, Michael C. O'Donovan and Julie Williams (2005) "Strong Evidence That KIAA0319 on Chromosome 6p Is a Susceptibility Gene for Developmental Dyslexia," *The American Journal of Human Genetics* 76, 581–591.

Crumrine, Linda and Helen Lonegan (1999) *Pre-literacy Skills Screening: PLSS*, PRO-ED, Inc., Austin.

Dell, Francois and John Halle (2009) "Comparing Musical Textsetting in French and in English Songs," *Towards a Typology of Poetic Forms: From Language to Metrics and Beyond*, ed. by Jean-Louis Aroui and Andy Arleo, 63-78, Benjamins, Amsterdam.

Disciullo, Anna Maria (2002) *Asymmetry in Grammar*, John Benjamins, Amsterdam.

Dinnsen, Daniel (1992) "Variation in Developing and Fully Developed Phonologies," *Phonological Development: Models, Research Implication*, ed. by Charles Ferguson, Lise Menn and Carol Stoel-Gammon, Timnium MD, York.

Dinnsen, Daniel, Steve Chin and Mary Elbert (1992) "On the Lawfulness of Change in Phonetic Inventories," *Lingua* 86, 207-222.

Dinnsen, Daniel, Steve Chin, Mary Elbert and Thomas Powell (1990) "Some Constraints on Functionally Disordered Phonologies: Phonetic Inventories and Phonotactics," *Journal of Speech and Hearing Research* 33, 28-37.

Dollaghan, Christine A. (1994) "Children's Phonological Neighbourhoods: Half Empty or Half Full?" *Journal of Child Language* 21, 257-271.

Dukore, Bernard F. (1980a) "Introduction," *The Collected Screenplays of Bernard Shaw*, ed. by Bernard F. Dukore, 1-178, George Prior, London.

Dukore, Bernard F. (1980b) "A Note on the Texts," *The Collected Screenplays of Bernard Shaw*, ed. by Bernard F. Dukore, 459-469, George Prior, London.

Edwards, Mary and Lawrence Shriberg (1983) *Phonology: Applications in Communicative Disorders*, College-Hill Press, San Diego.

Ehri, Linnea C. and Lee S. Wilce (1983) "Development of Word Identification Speed in Skilled and Less Skilled Beginning Readers," *Journal of Educational Psychology* 75(1), 3-18.

英語教育の在り方に関する有識者会議 (2014)「今後の英語教育の改善・充実方策について報告（概要）～グローバル化に対応した英語教育改革の五つの提言～」

Fisher, Simon E., Clyde Francks, Angela J. Marlow, Laurence I. MacPhie, Dianne F. Newbury, Lon R. Cardon, Yumiko Ishikawa-Brush, Alex J. Richardson, Joel B. Talcott, Javier Gayán, Richard K. Olson, Bruce F. Pennington, Shelley D. Smith, John C. Fries, John F. Stein and Anthony P. Monaco (2002) "Independent Genome-wide Scans Identify a Chromosome 18 Quantitative-trait Locus Influencing Dyslexia," *Nature Genetics* 30, 86-91.

Fox, Susan (2015) *The New Cockney: New Ethnicities and Adolescent Speech in the Traditional East End of London*, Palgrave Macmillan, Basingstoke.

福田泉 (1994)「オノマトペの研究」『言語文化研究』3, 73-89.

福迫陽子・沢島政行・阿部雅子 (1976)「幼児にみられる構音の誤り（いわゆる機能的構音障害）について―その臨床経験―」『音声言語医学』第17巻, 60-71.

Fuller, Jean Overton (1978) "Who Was Higgins?" Jan. 8th, 1978, 6, *The Observer*.

Halle, John and Fred Lerdahl (1993) "A Generative Textsetting Model," *Current*

Musicology 3-23.

Halle, Morris and Samuel J. Keyser (1971) *English Stress: Its Form, Its Growth, and Its Role in Verse*, Harper and Row, New York.

浜野祥子 (2017)「『スクスク』と『クスクス』はどうして意味が違うの？」『オノマトペの謎』, 窪薗晴夫 (編), 岩波書店, 東京.

原惠子 (2001)「健常児における音韻意識の発達」『聴能言語学研究』第 18 号第 1 巻, 10-18.

原惠子 (2003)「子どもの音韻障害と音韻意識」『コミュニケーション障害学』第 20 号第 2 巻, 98-102.

原惠子 (2015)「学習障害 ── 発達性読み書き障害を中心に ──」『言語発達障害学 第 2 版』, 石田宏代・石坂郁代 (編), 166-180, 医歯薬出版, 東京.

原惠子 (2017)「言語聴覚療法」『こどものリハビリテーション医学』, 伊藤利之 (監修), 小池純子・半澤直美・高橋秀寿・橋本圭司 (編), 109-117, 医学書院, 東京.

原田千里 (2005)「赤い○, 黄色い△, 青い□」東京農工大学工学部情報コミュニケーション工学科卒業論文.

Hatcher, Peter J., Charles Hulme and Andrew W. Ellis (1994) "Ameliorating Early Reading Failure by Integrating the Teaching of Reading and Phonological Skills: The Phonological Linkage Hypothesis," *Child Development* 65, 41-57.

服部義弘 (2018)「音変化」『歴史言語学』, 服部義弘・児馬修 (編), 47-70, 朝倉書店, 東京.

Hauser, Marc, Noam Chomsky and Tecumseh Fitch (2002) "The Faculty of Language: What Is It, Who Has It, and How Did It Evolve?" *Science* 298, 1569-1579.

早川勝広 (1981)「育児語と言語獲得」『言語生活』351, 50-56.

Hayes, Bruce (2005) "Textsetting as Constraint Conflict," *Typology of Poetic Forms,* ed. by Jean-Louis Aroui, 43-61, John Benjamins, Amsterdam.

Hayes, Bruce and Abigail Kaun (1996) "The Role of Phonological Phrasing in Sung and Chanted Verse," *Linguistic Review* 13, 243-303.

Herlofsky, William John (1990) "Translating the Myth: Problems with English and Japanese Imitative Words," *Linguistic Fiesta: Festschrift for Professor Hisao Kakehi's Sixtieth Birthday*, 213-228, Kurosio, Tokyo.

Hewlett, Nigel and Janet Beck (2006) *An Introduction to the Science of Phonetics*, Psychology Press, New York.

平川紗綾 (2005)「絵本におけるオノマトペの研究」東京農工大学工学部情報コミュニケーション工学科卒業論文.

平野実・的場晴美・藤木千鶴子 (1965)「カ行訥について」『耳鼻臨床』58, 317-320.

Hodson, Barbara (1980) *The Assessment of Phonological Processes*, The Interstate,

Danville, IL.

Hoeft, Fumiko, Takefumi Ueno, Allan L. Reiss, Ann Meyler, Susan Whitfield-Ga-
brieli, Gary H. Glover, Timothy A. Keller, Nobuhisa Kobayashi, Paul Mazaika,
Booil Jo, Marcel Adam Just and John D. E. Gabrieli (2007) "Prediction of
Children's Reading Skills Using Behavioral, Functional, and Structural Neuro-
imaging Measures," *Behavioral Neuroscience* 121, 602-613.

Holroyd, Michael (2011) *Bernard Shaw*, Pimlico, London.

本間慎治 (2000)『機能性構音障害』建帛社, 東京.

本と子どもの発達を考える会 (2020)『読み聞かせで発達支援：絵本でひらく心とこ
とば』かもかわ出版, 東京.

Hopper, Paul and Sandra Thompson (1980) "Transitivity in Grammar and Dis-
course," *Language* 56, 251-299.

星野仁彦 (1996)「学習障害と不登校（登校拒否）（特集 学習障害——現状と対応）」
『教育と医学』第44巻8号, 731-738.

細川徹 (2010)「仙台市の小学校児童における SRD 有病率の推定」『特異的発達障害
診断・治療のための実践ガイドライン』, 稲垣真澄（編）, 36-37, 診断と治療社,
東京.

Hulme, Charles and Margaret J. Snowling (2009) *Developmental Disorders of Lan-
guage Learning and Cognition*, Wiley-Blackwell, West Sussex.［ヒューム,
チャールズ, マーガレット・J・スノウリング, 原惠子（監訳）(2016)『発達的
視点からことばの障害を考える』上智大学出版, 東京.］

伊藤克敏 (1988)「「言い誤り」(Speech Errors) の傾向に関する考察 (I)」『神奈川大
学言語研究』第11巻, 1-16.

Ito, Junko (1990) "Prosodic Minimality in Japanese," *CLS* 26-II: *Papers from the
Parasession on the Syllable in Phonetics and Phonology*, 213-239.

Ito, Junko, Haruo Kubozono, Armin Mester and Shin'ichi Tanaka (2019) "Katto-
base: The Linguistic Structure of Japanese Baseball Chants," *Proceedings of
Annual Meeting of Phonology*. (電子版)

岩永義弘 (1998)『ネーミングが広告だ。』宣伝会議, 東京.

岩田誠・河村満（編）(2007)『神経文字学』医学書院, 東京.

Jaeggli, Osvaldo (1980) "Remarks on *To* Contraction," *Linguistic Inquiry* 11, 239-
245.

Jakobson, Roman (1968/1976) *Kindersprache, Aphasie und Allegemine Lautgesetze
(Child Language, Aphasia and Phonological Universals)*, Mouton, The Hague.
［服部四郎（編・監訳）『失語症と言語学』岩波書店, 東京.］

Johnston, Rhona S., Sarah McGeown and Joyce E. Watson (2012) "Long-term Ef-
fects of Synthetic versus Analytic Phonics Teaching on the Reading and Spell-
ing Ability of 10 Year Old Boys and Girls," *Reading and Writing* 25, 1365-

1384.

Jones, Daniel (1932) *An Outline of English Phonetics*, 3rd ed., Teubner, Leipzig.

Kaisse, Ellen M. (1985) *Connected Speech: The Interaction of Syntax and Phonology*, Academic Press, New York.

加藤正子・竹下圭子・大伴潔 (2012)『特別支援教育における構音障害のある子どもの理解と支援』, 学苑社, 東京.

Keating, Patricia (1988) *A Survery of Phonological Features*, Indiana University Linguistics Club, Bloomington.

Keenan, Edward (1994) "Creating Anaphors: An Historical Study of the English Reflexive Pronouns," ms., University of California at Los Angeles.

Keenan, Edward (2002) "Explaining the Creation of Reflexive Pronouns in English," *Studies in the History of the English Language: A Millennial Perspective*, ed. by Donka Minkova and Robert Stockwell, 325-354 Mouton de Gruyter, Berlin / New York.

Keenan, Edward (2009) "Linguistic Theory and the Historical Creation of English Reflexives," *Historical Syntax and Linguistic Theory*, ed. by Paola Crisma and Giuseppe Longobardi, 17-40, Oxford University Press, Oxford.

Kiparsky, Paul (2020) "Stress, Meter, and Text-setting," *The Oxford Handbook of Language Prosody*, ed. by Aoju Chen and Carlos Gussenhoven, 657-675, Oxford University Press, Oxford.

喜多壮太郎 (2013)「擬音語・擬態語と自発的身振り」『オノマトペ研究の射程：近づく音と意味』, 篠原和子・宇野良子 (編), 79-84, ひつじ書房, 東京.

小枝達也 (2001)「小児の心身症 その実態と小児科医から見た小児科医の役割 発達面からみた心身症および学校不適応の病態」『日本小児科学会雑誌』第105巻12号, 1332-1335.

Köhler, Wolfgang (1929) *Gestalt Psychology*, Horace. Liveright, New York.

Köhler, Wolfgang (1947) *Gestalt Psychology: An Introduction to New Concepts in Modern Psychology*, The New American Library, New York and Toronto and The New English Library Limited, London.

Konovalenko, Nikolai and Shin'ichi Tanaka (2021) "Text-setting in Russian Football Chants," A Paper Presented at Prosody and Grammar Festa 5 (February 21, 2021), NINJAL and Kobe University.

Krämer, Martin (2009) *Phonology of Italian*, Oxford University Press, Oxford.

Kubozono, Haruo (1996)" Syllable and Accent in Japanese: Evidence from Loanword Accentuation,"『音声学会会報』211, 71-82.

窪薗晴夫 (1993)「音韻の獲得と言語の普遍性」『音声研究』第7巻第2号, 5-17.

窪薗晴夫 (1999)「歌謡におけるモーラと音節」『文法と音声 II』, 音声文法研究会 (編), 241-260, くろしお出版, 東京.

窪薗晴夫（2010）「語形成と音韻構造：短縮語形成のメカニズム」『国語研プロジェクトレビュー』3, 17-34.

窪薗晴夫（2017）『オノマトペの謎』岩波書店，東京.

窪薗晴夫（2019）「日本語のデフォルト韻律構造と単純語の短縮」PAIK25周年記念大会発表ハンドアウト. 2019年4月14日（神戸大学）.

Kursell, Julia（2012）"A Gray Box: The Phonograph in Laboratory Experiments and Fieldwork, 1900-1920," *The Oxford Handbook of Sound Studies*, ed. by Trevor Pinch and Karin Bijsterveld, 176-197, Oxford University Press, New York.

権敬倍（Kwon, Gyongbae）（2021）「韓国語における音韻句形成と音韻構造」神戸大学大学院人文学研究科修士論文.

Ladefoged, Peter and Keith Johnson（2006）*A Course in Phonetics*, CENGAGE Learning, Wadsworth.

Lancaster, Gwen（2008）*Developing Speech and Language Skills: Phoneme Factory*, Routledge, London.

Levelt, Clara C. and Ruben van de Vijver（2004）"Syllable Types in Cross-linguistic and Developmental Grammars," *Constraints in Phonological Acquisition*, ed. by Rene Kager, Joe Pater and Wim Zonneveld, 204-218, Cambridge University Press, Cambridge.

Lewkowicz, Nancy K.（1980）"Phonemic Awareness Training: What to Teach and How to Teach It," *Journal of Educational Psychology* 72(5), 686-700.

Liberman, Isabelle Y., Donald Shankweiler, William F. Fischer and Bonnie Carter（1974）"Explicit Syllable and Phoneme Segmentation in the Young Child," *Journal of Experimental Child Psychology* 18, 201-212.

Liberman, Isabelle Y., Donald Shankweiler, Alvin M. Liberman, Carol Fowler and Willliam F. Fischer（1977）"Phonetic Segmentation and Recoding in the Beginning Reader," *Toward a Psychology of Reading: The Proceedings of the CUNY Conference*, ed. by A. S. Reber and Don L. Scarborough, 207-225, Erlbaum, Hillsdale, NJ.

Longobardi, Giuseppe（2001）"Formal Syntax, Diachronic Minimalism, and Etymology: The History of French *Chez*," *Linguistic Inquiry* 32, 275-302.

MacCarthy, Peter A. D.（1969）"The Bernard Shaw Alphabet," *Alphabets for English*, ed. by William Haas, 105-117, Manchester University Press, Manchester.

松平彩子（2003）「音とイメージの関係」東京農工大学工学部情報コミュニケーション工学科卒業論文.

松本治雄（1982）「構音障害の分類と症状」『講座言語障害治療教育』，内須川洸・長澤泰子（編），87-110, 福村出版，東京.

松本麻衣子（2008）「音とイメージの関係」東京農工大学工学部情報コミュニケーショ

200

ン工学科卒業論文.

Maurer, Daphne, Thanujeni Pathman and Catherine J. Mondlock (2006) "The Shape of Boubas: Sound-shape Correspondences in Toddlers and Adults," *Developmental Science* Vol. 9 Issue 3, 316–322.

McCawley, James D. (1968) *The Phonological Components of a Grammar of Japanese*, Mouton, The Hague.

Menichelli, Aldo (2013) *Prima Lezione di Metrica*, Guis Laterza & Figlio, Roma.

Miller, Elizabeth Carolyn (2015) "Journalism," *George Bernard Shaw in Context*, ed. by Brad Kent, 127–134, Cambridge University Press, Cambridge.

Minkova, Donka (2009) "The Forms of Speech," *A Companion to Medieval English Literature and Culture, c.1350-c.1500*, ed. by Peter Brown, 159–175, Willey-Blackwell, Malden, MA.

文部科学省 (1999)「学習障害児に対する指導について（報告）（平成 11 年 7 月 2 日）」

文部科学省 (2003)「PISA（OECD 生徒の学習到達度調査）2003 年調査」

文部科学省 (2013)「グローバル化に対応した英語教育改革実施計画」

文部科学省 国立教育政策研究所 (2019)「OECD 生徒の学習到達度調査（PISA）Programme for International Student Assessment ～ 2018 年調査国際結果の要約 ～」

文部科学省初等中等教育局特別支援教育課 (2012)「通常の学級に在籍する発達障害の可能性のある特別な教育的支援を必要とする児童生徒に関する調査結果について」

Nagumo, Miho, Mutsumi Imai, Sotaro Kita, Etsuko Haryu and Sachiyo Kajikawa (2006) "Sound Iconicity Bootstraps Verb Meaning Acquisition," Paper presented at the *XVth International Conference of Infant Studies, Kyoto*, Japan.

中西靖子 (1972)「構音検査とその結果に関する考察」『特殊教育研究施設報告一』，1-19，東京学芸大学.

Nakao, Toshio (1978) *The Prosodic Phonology of Late Middle English*, Shinozaki Shorin, Tokyo.

中尾俊夫・児馬修 (1990)『歴史的にさぐる現代の英文法』大修館書店，東京.

中尾俊夫・寺島廸子 (1988)『図説英語史入門』大修館書店，東京.

那須昭夫 (1995)「オノマトペの形態に要求される韻律条件」『音声学会会報』209，9-20.

National Reading Panel (2000) Teaching Children to Read: An Evidence-based Assessment of the Scientific Research Literature on Reading and Its Implications for Reading Instruction.

西村辨作 (1979)「構音障害児の構音獲得」『ことばの遅れとその治療』，笹沼澄子（編），100-132，大修館書店，東京.

野間秀樹 (2001)「オノマトペと音象徴」『月刊言語』第 30 巻第 9 号，12-18.

大瀬恵理子（2019）「音読によるエリック・カール原作絵本」『東北女子短期大学紀要58号』, 9-17.

太田聡（1998）「音韻構造をめぐって」『音韻構造とアクセント』, 窪薗晴夫・太田聡, 151-184, 研究社, 東京.

岡崎正男・小野塚裕視（2001）『文法におけるインターフェイス』研究社出版, 東京.

奥聡（2008a）「情報構造とミニマリスト」『文の語用的機能と統語論：日本語の主文現象からの提言』, 83-102, 日本学術振興会科学研究費補助金（基盤研究（B））研究成果報告書.

奥聡（2008b）「言語能力と一般認知能力との相互関係：生成文法の試み」『北海道英語英文学』53, 41-77.

Osawa, Fuyo (2010) "Transitivisation in the History of English," *Aspects of the History of English Language and Literature*, ed. by Osamu Imabayashi, Yoshi-yuki Nakao and Michiko Ogura, 331-341, Peter Lang, Frankfurt am Main.

大津由紀雄（2005）『小学校での英語教育は必要ない！』慶應義塾大学出版会, 東京.

Paracchini, Silvia, Thomas Scerri and Anthony P. Monaco (2007) "The Genetic Lexicon of Dyslexia," *Annual Review of Genomics and Human Genetics* 8, 57-79.

Poser, J. William (1990) "Evidence for Foot Structure in Japanese," *Language* 66, 78-105.

Prince, Alan and Paul Smolensky (2003) *Optimality Theory: Constraint Interaction in Generative Grammar*, Blackwell, London.

Pyles, Thomas (1968) *The English Language: A Brief History,* Holt, Rinehart and Winston, Austin.

Ramachandran, Vilayanur S. and Edward M. Hubbard (2001) "Synaesthesia—a Window into Perception, Thought and Language," *Journal of Consciousness Studies* Vol. 8, No. 12, 3-34. <http://cbc.ucsd.edu/pdf/Synaesthesia%20-%20JCS.pdf> (accessed April 20, 2020)

Ramachandran, Vilayanur S. and Edward M. Hubbard (2003) "Hearing Colors, Tasting Shapes," *Scientific American* (May edition), 53-59.

Reetz, Henning and Allard Jongman (2009) *Phonetics: Transcription, Production, Acoustics, and Perception*, Wiley-Blackwell, Chichester.

Rimbaud, Arthur (1895) *Poésies Complétes Avec Préface de Paul Verlaine et Notes de l'Éditeur*, Léon Vanier, Libraire-Éditeur, Paris.

臨時教育審議会（1986）「教育改革に関する第二次答申」『文部時報　昭和62年8月臨時増刊号臨教審答申総集編』160, ぎょうせい, 東京.

Robertson, Carolyn and Wanda Salter (2017) *PAT-2: NU Phonological Awareness Test-2: Normative Update,* PRO-ED, Inc., Austin.

斎藤純男（1997）『日本語音声学入門』三省堂, 東京.

佐治伸郎・今井むつみ（2013）「語意習得における類像性の効果の検討」『オノマトペ研究の射程：近づく音と意味』，篠原和子・宇野良子（編），151-166，ひつじ書房，東京．

Sapir, Edward (1929) "A Study of Phonetic Symbolism," *Journal of Experimental Psychology* 12, 225-239.

笹沼澄子（1999）「言語聴覚障害学　理論と臨床　言語聴覚士（ST）の臨床活動：総論」『総合リハ』27, 639-645.

Saussure, Ferdinand de (1959) *Course in General Linguistics*, ed. by Charles Bally, Albert Sechehaye in collaboration with Albert Reidlinger, Translated by Wade Baskin, Philosophical Library, New York.

Saxe, Joseph (1936) *Bernard Shaw's Phonetics: A Comparative Study of Cockney Sound-Changes*, Levin & Munksgaard, Copenhagen.

スコウラップ，ローレンス（1993）「日本語の書きことば・話しことばにおけるオノマトペの分布について」『オノマトピア――擬音・擬態語の楽園』，筧壽雄・田守育啓（編），77-100，勁草書房．

Shaw, Bernard (1949) *Sixteen Self Sketches*, Dodd, Mead & Company, New York.

Shaw, Bernard (1957) *Pygmalion: A Romance in Five Acts*, ed. by Dan H. Laurence, Penguin Books, Harmondsworth.［小田島恒志（訳）（2013）『ピグマリオン』光文社，東京．］

Shaw, Bernard (1958) *The Quintessence of Ibsenism: Now Completed to the Death of Ibsen*, *Major Critical Essays*, 23-176, Penguin Books, Harmondsworth.

Shaw, Bernard (1962) *Androcles and the Lion: An Old Fable Renovated*, Penguin Books, Harmondsworth.

Shaw, Bernard (1965) *Collected Letters, 1874-1897*, ed. by Dan H. Laurence, Viking, New York.

Shaw, Bernard (1972a) *Collected Letters, 1898-1910*, ed. by Dan H. Laurence, Viking, New York.

Shaw, Bernard (1981) *Shaw's Music: The Complete Musical Criticism in Three Volumes*, 2nd rev. ed., ed. by Dan H. Laurence, vol. 1, Bodley Head, London.

Shaw, Bernard (1985) *Collected Letters, 1911-1925*, ed. by Dan H. Laurence, Viking, New York.

Shaw, Bernard (1988) *Collected Letters, 1926-1950*, ed. by Dan H. Laurence, Viking, New York.

Shaywitz, Sally E., Bennett A. Shaywitz, Kenneth R. Pugh, Robert K. Fulbright, Todd R. Constable, Einar W. Mencl, Donald P. Shankweiler, Alvin M. Liberman, Pawel Skudlarski, Jack M. Fletcher, Leonard Katz, Karen E. Marchione, Cheryl Lacadie, Christopher Gatenby and John C. Gore (1998) "Functional Disruption in the Organization of the Brain for Reading in Dyslexia," *Proceed-*

ings of the National Academy of Sciences of the USA 95, 2636-2641.

清水祐一郎（2016）「音象徴に基づくオノマトペの印象評価システムと生成システム
　　の設計」電気通信大学大学院情報理工学研究科博士論文.

白坂康俊・熊田政信（2012）『言語聴覚士のための機能性構音障害学』医歯薬出版社,
　　東京.

Shriberg, Lawrence and Joan Kwiatkowski（1980）*Natural Process Analysis: A
　　Procedure for Phonological Analysis of Continuous Speech Samples*, Wiley,
　　New York.

スノウリング, マーガレット・J（2008）『ディスレクシア』, 加藤醇子・宇野彰（監
　　訳）, 東京書籍, 東京.

Stampe, David（1973）*A Dissertation on Natural Phonology*, Doctoral dissertation,
　　University of Chicago.

Stoel-Gammon, Carol and Carla Dunn（1985）*Normal and Disordered Phonology
　　in Children*, PRO-ED, Texas.

Sweet, Henry（1877）*A Handbook of Phonetics, Including a Popular Exposition of
　　the Principles of Spelling Reform*, Clarendon Press, Oxford.

Sweet, Henry（1880-81）"Sound-Notation," *Transactions of the Philological Soci-
　　ety, 1880-1*, 177-234, Trübner & Co., London.

Sweet, Henry（1890）*A Primer of Spoken English*, Clarendon Press, Oxford.

Sweet, Henry（1892a）*A Manual of Current Shorthand, Orthographic and Phonet-
　　ic*, Clarendon Press, Oxford.

Sweet, Henry（1892b）*A Primer of Phonetics*, Clarendon Press, Oxford.

Sweet, Henry（1910）*The Sounds of English: An Introduction to Phonetics*, 2nd
　　ed., Clarendon Press, Oxford.

Szendröi, Kriszta（2001）*Focus and the Syntax-Phonology Interface*, Doctoral dis-
　　sertation, University College London.

田守育啓（2002）『オノマトペ・擬音・擬態語をたのしむ』岩波書店, 東京.

田守育啓・ローレンス スコウラップ（1999）『オノマトペ―態と意味―』くろしお
　　出版, 東京.

田中明子（2014）「中英語におけるフランス語借入語強勢の史的変化に関する一考察」
　　『名古屋文理大学紀要』151-157.

田中真一（1999）「日本語の音節と4拍のテンプレート―川柳とプロ野球声援におけ
　　る「字余り」の分析」『文法と音声 II』, 音声文法研究会（編）, 261-290, くろし
　　お出版, 東京.

田中真一（2008）『リズム・アクセントの「ゆれ」と音韻・形態構造』くろしお出版,
　　東京.

田中真一（2015）「リズム定型における韻律要素の調整：日本語・イタリア語の定型
　　詩と歌謡の分析」『現代の形態論と音声学・音韻論の視点と論点』, 西原哲雄・田

中真一（編），192-211，開拓社，東京.

田中真一（2020）「音節」『明解日本語学辞典』，森山卓郎・渋谷勝己（編），20-21，三省堂，東京.

寺沢拓敬（2020）『小学校英語のジレンマ』（岩波新書），岩波書店，東京.

the IDA Board of Directors（2002）"Definition of Dyslexia"

Tokizaki, Hisao（2011）"The Nature of Linear Information in the Morphosyntax-PF Interface," *English Linguistics* 28, 227-257.

Tokizaki, Hisao（2013）"Deriving the Compounding Parameter from Phonology," *Linguistic Analysis* 38, 275-303.

時崎久夫（2019）「右側主要部規則と語強勢の類型論」『言語におけるインターフェイス』，西原哲雄・都田青子・中村浩一郎・米倉よう子・田中真一（編），235-249，開拓社，東京.

Torgesen, Joseph K., Richard K. Wagner and Carol A. Rashotte（1994）"Longitudinal Studies of Phonological Processing and Reading," *Journal of Learning Disabilities* 27(5), 276-286.

鳥飼久美子（2018）『英語教育の危機』（ちくま新書），筑摩書房，東京.

Treiman, Rebecca and Jonathan Baron（1981）"Segmental Analysis: Developmental and Relation to Reading Ability," *Reading research: Advances in theory and practice（Vol. 3）*, ed. by G. C. MacKinnon and T. G. Waller, 159-198, Academic Press, New York.

Treiman, Rebecca and Andrea Zukowski（1991）"Levels of Phonological Awareness," *Phonological Processes in Literacy: A Tribute to Isabelle Y. Liberman*, ed. by Susan A. Brady and Donald P. Shankweiler, 67-83, Routlege, New York.

Trubetzkoy, N. S.（1958/1969）*Grundzüge der Phonologie（Principles of Phonology）*, University of California Press, Los Angeles.

上田功（2008）「音韻理論と構音障害」『音声研究』第 12 巻第 3 号，3-16.

上田功（2013）「機能性構音障害の音韻分析 ── 臨床的視点からの考察」『音声研究』第 17 巻第 2 号，21-28.

上田功（2019）「獲得と臨床の音韻論」京都大学博士学位論文.

Ueda, Isao（1999）"A Functional Typology of Functional Misarticulation," *Communication and Its Disorders: A Science in Progress*, ed. by Philippe Dejonckere and Hermann Peters, 992-994, Nijmegen University Press, Nijmegen.

Ueda, Isao（2005）"Some Formal and Functional Typological Properties of Developing Phonologies,"『言語研究』127, 115-139.

上村あゆみ（1990）『はじめての人の言語学』くろしお出版，東京.

氏平明（1996）「歌謡に見る日本語の特殊モーラ」『音韻研究：理論と実践』音韻論研究会（編），71-76. 開拓社，東京.

Uno, Akira, Taeko N. Wydell, Noriko Haruhara, Masato Kaneko and Naoko Shinya

(2009) "Relationship between Reading / Writing Skills and Cognitive Abilities among Japanese Primary-school Children: Normal Readers versus Poor Readers (Dyslexics)" *Reading and Writing* 22, 755–789.

後路好章 (2005)『絵本から擬音語・擬態語：ぷちぷちぽーん』アリス館，東京.

Vance, Timothy J. (2008) *The Sounds of Japanese*, Cambridge University Press, Cambridge.

Vance, Timothy. J. (1987) *An Introduction to Japanese Phonology*, State University of New York Press, New York.

Visser, Fredericus Theodorus (1963) *An Historical Syntax of the English Language I*, E. J. Brill, Leiden.

Wagner, Richard K. and Joseph K. Torgesen (1987) "The Nature of Phonological Processing and Its Causal Role in the Acquisition of Reading Skills," *Psychological Bulletin* 101(2), 192–212.

Wagner, Richard K., Joseph K. Torgesen, Carol A. Rashotte and Nils A. Pearson (2013) *CTOPP-2: Comprehensive Test of Phonological Processing-Second Edition*, PRO-ED, Inc., Austin.

Walkden, George (2012) "Against Inertia," *Lingua* 122, 891–901.

Weiner, Frederic. (1979) *Phonological Process Analysis*, University Park Press, Baltimore.

Wells, J. C. (1982) *Accents of English 2: The British Isles*, Cambridge University Press, Cambridge.

Wydell, Taeko N. and Brian Butterworth (1999) "A case study of an English-Japanese Bilingual with Monolingual Dyslexia," *Cognition* 70, 273–305.

山田理英 (1998)『広告表現を科学する』日経広告研究所，東京.

山口仲美 (2002)『犬は「びよ」と鳴いていた　日本語は擬音語・擬態語が面白い』（光文社新書），光文社，東京.

山口仲美 (2003)『暮らしのことば　擬音・擬態語辞典』講談社，東京.

柳瀬陽介・小泉清裕 (2015)『小学校からの英語教育をどうするか』（岩波ブックレット），岩波書店，東京.

使用テクスト

Gordon, Ida (ed.) (1960) *The Seafarer*, Methuen, London.

Shaw, Bernard (1970) *Candida: A Mystery*, *The Bodley Head Bernard Shaw: Collected Plays with Their Prefaces,* ed. by Dan H. Laurence, vol. 1, 513–603, Max Reinhardt / Bodley Head, London.

Shaw, Bernard (1971) *Captain Brassbound's Conversion: An Adventure*, *The Bodley Head Bernard Shaw: Collected Plays with Their Prefaces,* ed. by Dan H.

Laurence, vol. 2, 317–430, Max Reinhardt / Bodley Head, London.

Shaw, Bernard (1972b) *Pygmalion: A Romance in Five Acts*, *The Bodley Head Bernard Shaw: Collected Plays with Their Prefaces,* ed. by Dan H. Laurence, vol. 4, 653–823, Max Reinhardt / Bodley Head, London.

Thorpe, Benjamin (ed.) (1844) *The Sermones Catholici or Homilies of Ælfric I*, Ælfric Society, London.

参考映像

Asquith, Anthony and Leslie Howard, directors (1938) *Pygmalion*, Loew's, Inc. [DVD distributed by Janus Films and Second Sight.]

Cukor, George, director (1964) *My Fair Lady*, Warner Bros. Pictures, Inc. [DVD distributed by CBS DVD and Paramount.]

参考資料

新井洋行（2011）『みず ちゃぽん』童心社，東京.

長谷川摂子（2000）『くっく くっく』福音館書店，東京.

長谷川摂子（2006）『おでかけ ばいばい』福音館書店，東京.

駒形克己（1997）『ごぶごぶ ごほごほ』福音館書店，東京.

まついのりこ（1983）『じゃあじゃあ びりびり』偕成社，東京.

三浦太郎（2013）『あ・あ』童心社，東京.

三浦太郎（2013）『あー・あー』童心社，東京.

谷川俊太郎（2020）『もこ もこもこ』文研出版，東京.

索　引

1. 日本語は五十音順に並べてある．英語（などで始まるもの）は
アルファベット順で，最後に一括してある．
2. 数字はページ数を示し，n は脚注を表す．

【執筆者紹介】（掲載順）

大沢 ふよう（おおさわ　ふよう）
法政大学文学部元教授，現在法政大学国際日本学研究所研究員．専門分野は史的統語論．
主要業績："The Loss of Lexical Case in the History of English" (*Peiphrasis, Replacement and Renewal: Studies in English Historical Linguistics*, Cambridge Scholars Publishing, 2013), "What the Emergent DP Brought about: The Emergence of the Double Object Construction in English" (*Studies in Linguistic Variation and Change 3*, Cambridge Scholars Publishing, 2020), "The Rivalry between Definiteness and Specificity: The Grammaticalization of Definiteness in DP" (*English Noun Phrases from a Functional-cognitive Perspective*, John Benjamins, 2021), など．

田中 真一（たなか　しんいち）
神戸大学大学院人文学研究科 教授．専門分野は音韻論，音声学．
主要業績：『リズム・アクセントの「ゆれ」と音韻・形態構造』（くろしお出版，2008），*The Phonetics and Phonology of Geminate Consonants*（共著，Oxford University Press, 2017），『言語におけるインターフェイス』（共編著，開拓社，2019），など．

八木 斉子（やぎ　なおこ）
早稲田大学政治経済学術院 教授．専門分野は演劇学，英文学．
主要業績：*Irish Theatre and Its Soundscapes*（共編著，Glasnevin Publishing, 2015），"*Moonlight* and *Celebration* in the Pinter Canon" (*Lipar* 63, 2017), "The Tactile Meets the Spatial: Beckett, Krapp, and Glauco Mauri" (*Journal of Irish Studies* 33, 2018), "Bernard Shaw's *Man and Superman* in Two Archival Recordings"（『演劇研究』43, 2020), など．

都田 青子（みやこだ　はるこ）
津田塾大学学芸学部英語英文学科 教授．専門分野は音韻論，音声学．
主要業績：『くらべてわかる英文法』（共著，くろしお出版，2012），『言語の構造と分析：統語論，音声学・音韻論，形態論』（共著，開拓社，2018），『言語におけるインターフェイス』（共編著，開拓社，2019），『音と形態』（共著，朝倉書店，2020），など．

上田　功（うえだ　いさお）

名古屋外国語大学教授／大阪大学名誉教授．専門分野は言語学，音韻論，音声学．
主要業績：*International Guide to Speech Acquisition*（共著，THOMSON DEL-MAR LEARNING, 2007），*Focus on English Phonetics*（共著，Cambridge Scholars Publishing, 2013），『第二言語習得の波及効果』（共著，くろしお出版，2020），など．

原　惠子（はら　けいこ）

上智大学言語科学研究科言語聴覚研究コース　特任准教授．専門分野は言語聴覚障害学．
主要業績：『ディスレクシア入門』（共著，日本評論社，2016），『言語発達障害学　第2版』（共著，医歯薬出版株式会社，2016），『言語治療ハンドブック』（共著，医歯薬出版株式会社，2017），『言語発達障害学　第3版』（共著，医学書院，2021），など．

【監修者紹介】

西原　哲雄（にしはら　てつお）　　藍野大学 教授

都田　青子（みやこだ　はるこ）　　津田塾大学 教授

中村浩一郎（なかむら　こういちろう）　名桜大学 教授

米倉よう子（よねくら　ようこ）　　奈良教育大学 准教授

田中　真一（たなか　しんいち）　　神戸大学 教授

言語のインターフェイス・分野別シリーズ　第2巻
音声学・音韻論と言語学諸分野とのインターフェイス

監修者	西原哲雄・都田青子・中村浩一郎・米倉よう子・田中真一
編　者	都田青子・田中真一
著作者	大沢ふよう・田中真一・八木斉子・都田青子
	上田　功・原　惠子
発行者	武村哲司
印刷所	日之出印刷株式会社

2021 年 11 月 24 日　第 1 版第 1 刷発行ⓒ

発行所	株式会社　開拓社	〒 112-0013 東京都文京区音羽 1-22-16 電話　（03）5395-7101（代表） 振替　00160-8-39587 http://www.kaitakusha.co.jp

ISBN978-4-7589-1357-7　C3380